A ESPIRITUALIDADE
em
PRÁTICA

Elizabeth Clare Prophet
e *Patricia R. Spadaro*

A espiritualidade
em
Prática

*Como enriquecer a vida diária com mais paixão,
criatividade e equilíbrio*

Tradução
MARIA TERESA MORAS

4ª EDIÇÃO

NOVA ERA

CIP-Brasil. Catalogação-na-fonte
Sindicato Nacional dos Editores de Livros, RJ.

P958e
4ª ed.

Prophet, Elizabeth Clare, 1939-
A espiritualidade em prática: como enriquecer a vida diária com mais paixão, criatividade e equilíbrio / Elizabeth Clare Prophet; colaboração de Patricia R. Spadaro; tradução Maria Teresa Moras. – 4ª ed. – Rio de Janeiro: Nova Era, 2011.

Tradução de: The Art of Practical Spirituality
ISBN 978-85-7701-207-7

1. Vida espiritual. 2. Auto-realização. I. Spadaro, Patricia R. II. Título.

03-1107

CDD – 291.44
CDU – 291.4

Título original norte-americano
THE ART OF PRACTICAL SPIRITUALITY
da série *Pocket Guides to Practical Spirituality*,
de Elizabeth Clare Prophet e Patricia R. Spadaro
Copyright Ó 2000 SUMMIT UNIVERSITY PRESS
63 Summit Way, Gardiner, Montana, 59030-9314, USA
Tel.: 1-406-848-9500, fax: 1-406-848-9555
E-mail: info@summituniversitypress.com
Web site: http://www.summituniversitypress.com

SUMMIT UNIVERSITY PRESS, Pearls of Wisdom (Pérolas da Sabedoria), Keepers of the Flame (Guardiães da Chama), Church Universal and Triumphant, and Science of the Spoken Word (Ciência da Palavra Falada) são marcas registradas de acordo com a legislação de Marcas e Patentes dos Estados Unidos e de outros países. Todos os direitos reservados.

All rights reserved. This book was originally published in English and printed in the USA. This Portuguese edition is published under the terms of a license agreement between EDITORA BEST SELLER LTDA. and SUMMIT UNIVERSITY PRESS.
Todos os direitos reservados. Edição publicada originalmente em inglês e impressa nos Estados Unidos. Edição em língua portuguesa publicada de acordo com termos contratuais firmados entre EDITORA BEST SELLER LTDA. e SUMMIT UNIVERSITY PRESS.

Proibida a reprodução, tradução, transmissão ou armazenagem eletrônica, ou a utilização em qualquer formato e através de quaisquer meios de comunicação, seja integral ou parcialmente, sem o consentimento prévio por escrito de SUMMIT UNIVERSITY PRESS, com exceção das resenhas literárias, que podem reproduzir algumas passagens do livro, desde que citada a fonte.

Todos os direitos reservados. Proibida a reprodução, no todo ou em parte, sem autorização prévia por escrito da editora, sejam quais forem os meios empregados.

Direitos exclusivos de publicação em língua portuguesa para o Brasil adquiridos pela EDITORA NOVA ERA um selo da EDITORA BEST SELLER LTDA.
Rua Argentina 171 – Rio de Janeiro, RJ – 20921-380 – Tel.: 2585-2000
que se reserva a propriedade literária desta tradução

Impresso no Brasil

ISBN 978-85-7701-207-7

Seja um leitor preferencial Record.
Cadastre-se e receba informações sobre nossos lançamentos e nossas promoções.

Atendimento e venda direta ao leitor:
mdireto@record.com.br ou (21) 2585-2002

SUMÁRIO

A ESPIRITUALIDADE DE TODOS OS DIAS   7

1   Reconheça a grande paixão da sua alma e transforme-a numa missão   15

2   Simplifique, focalize e priorize as metas materiais e espirituais   23

3   Escute a voz da sabedoria dentro de você   27

4   Crie um espaço santificado e faça uma conexão espiritual todas as manhãs   37

O PODER CRIATIVO DO SOM   47

5   Peça aos anjos para atuarem na sua vida   53

6   Deixe que o seu ser espiritual faça o trabalho   65

SUA ANATOMIA ESPIRITUAL 71

7   Viva o momento presente   73

8   Use a energia espiritual para mudar o seu passado   81

9   Use todos os encontros e situações como oportunidades de crescimento   93

10 Pratique a bondade amorosa com todos — inclusive com você mesmo   99

11 Encontre tempo para renovar-se física e espiritualmente   105

12 Procure um mentor espiritual   113

Notas   121

Nota: Como o uso do pronome neutro em inglês pode gerar confusão, optamos por usar *ele* e *a ele* para nos referir a Deus e ao indivíduo em geral. Usamos esses termos para facilitar a leitura e a coerência do texto, e eles não pretendem excluir as mulheres ou o aspecto feminino da Divindade. Deus é feminino e masculino.

A Espiritualidade de Todos os Dias

"O que é a senda?", perguntaram ao mestre Zen Nan-sen. "A senda é a vida diária", respondeu ele.

$\mathcal{E}$m algum momento, todos nós já passamos por uma experiência espiritual significativa, tenhamos ou não denominado assim. Podemos ter sentido uma profunda paz interior ou intensa comunhão com a natureza. Isso pode ter acontecido durante uma longa caminhada pelas montanhas ou quando nos apaixonamos pela primeira vez. Esse sentimento, seja ele qual for, não durou muito, e ficamos imaginando o que tínhamos de fazer para repeti-lo.

Como manter aquela paz interior? Como enriquecer os nossos relacionamentos, a nossa vida familiar e o trabalho com a centelha espiritual? Como acessar o nosso potencial interior para lidarmos com o estresse e vencermos os bloqueios de criatividade? Como colocar em prática a nossa espiritualidade?

Tenho exercitado a arte da espiritualidade prática por toda minha vida. Não consigo lembrar-me de uma ocasião em que não estivesse conversando e caminhando com Deus. Quando criança, a minha busca espiritual levou-me a todas as igrejas e sinagogas da minha cidade natal. Mais tarde, comecei a estudar as religiões do mundo.

Finalmente, a minha busca levou-me aos pés dos grandes luminares, conhecidos como mestres ascensos — os santos e adeptos oriundos de todas as tradições religiosas do Oriente e do Ocidente. Estes seres iluminados já realizaram a sua razão de ser e "ascenderam", tornando-se um com Deus. Cada um deles tem um ensinamento único e irresistível acerca da prática da espiritualidade.

Não acredito que nenhuma pessoa ou tradição espiritual tenha o monopólio da espiritualidade; acredito que podemos aprender algo com todas elas. Assim como existem muitos caminhos para subir uma montanha, existem também muitas formas de escalar o cume do ser. Cada senda nos permite ver uma perspectiva diferente desse cume — e uma nova forma de entender quem é Deus e quem somos nós.

Subimos essa montanha todos os dias; não só quando escolhemos meditar nas montanhas ou assistir a um lindo pôr-do-sol. A espiritualidade é um assunto de todos os dias.

Um Relacionamento de Trabalho com o Espírito

O que significa levar uma vida espiritual, e o que é a espiritualidade? A palavra *espírito* vem do latim *spiritus*, e significa "respiração", "sopro de um deus" ou "inspiração". A espiritualidade é para a alma como o sopro de vida é para o recém-nascido. A espiritualidade nos infunde com vida. Dá-nos paz e propósito. Concede-nos o poder de amar e nutrir, a nós mesmos e aos outros.

Espiritualidade é ser capaz de trabalhar em conjunto com o Espírito. Não importa se chamamos a fonte espiritual de Cristo, Buda, Tao ou Brahman. Todos nós podemos entrar em contato — e permanecer em contato — com o poder universal do Espírito, ao mantermos esse relacionamento, ao fazermos esta conexão diária.

Quando falamos em espiritualidade prática, na realidade, estamos nos referindo à dotação de poder espiritual, ao poder de nos transformarmos e de transformarmos o mundo à nossa volta. A dotação de poder espiritual começa com a compreensão de *Quem sou eu e por que estou aqui? Para onde estou indo e como chegarei lá?*

Quem Sou Eu?

Você é um ser espiritual — um filho de Deus vestido com a forma e a personalidade humanas. Você tem uma natureza divina, e uma parte de Deus habita dentro de você. Esta é a sua fonte pessoal de poder.

A tradição hindu descreve misteriosamente este espírito que habita dentro de nós como "o Ser mais interno, não maior do que um polegar", que "habita o coração". Os budistas o chamam de natureza búdica. Os místicos judeus referem-se a ele como o *neshamah*. Mestre Eckhart, teólogo e místico cristão do século XIV, dizia que "a semente de Deus está dentro de nós". Existe uma parte de nós, dizia ele, que "permanece eternamente no Espírito e é divina... Ali, Deus resplandece e flameja sem cessar".

Embora cada um deles veja por um ângulo diferente, todas estas sendas místicas descrevem a chama espiritual, a centelha divina que pulsa nas profundezas do nosso coração. Algumas pessoas, que me ouviram ensinar este conceito ao longo dos anos, têm muita dificuldade em aceitar que Deus viva dentro delas. Isto porque muitos de nós fomos ensinados, quando crianças, a procurar fora de nós a solução para os problemas da vida, em vez de acessar o poder espiritual interior para solucioná-los.

Gosto da forma como os antigos explicam isso. Tanto os budistas quanto os primeiros cristãos, conhecidos como gnósticos[1], usavam a imagem do "ouro na lama" para ajudar as pessoas a compreender a sua essência espiritual. Eles diziam que o ouro do nosso espírito pode estar coberto pela lama do mundo, mas a lama nunca pode destruir este espírito inato.

Em outras palavras, não importam as situações que tenhamos vivido. Não importa quanta lama tenha respingado sobre o nosso espírito e moldado a nossa personalidade exterior enquanto caminhávamos pelas trincheiras da vida. Não importa o que as pessoas dizem de nós. Ainda temos uma centelha de Deus, linda e eterna, dentro de nós.

Além da centelha divina, outro componente da nossa realidade divina é o Eu Superior. Ele é o nosso eu interior sábio, o nosso anjo da guarda principal, o nosso melhor amigo. Jesus descobriu que o seu Eu Superior era "o Cristo" e Gautama descobriu que era "o Buda"; por isso, esse Eu Superior é também chamado de Cristo interior (ou Cristo Pessoal) ou Buda interior. Os místicos cristãos algumas vezes referiam-se a ele como o homem interior ou a Luz Interior.

O nosso Eu Superior é o nosso instrutor interno, cuja voz suave fala dentro de nós — avisando-nos dos perigos, ensinando, nos chamando de volta para o nosso estado de realidade divina. O Eu Superior sempre nos dará a orientação precisa, se tivermos tempo de nos sintonizar com a sua voz. Como Mahatma Gandhi disse uma vez: "O único tirano que eu aceito neste mundo é a 'suave voz' interior."

Por Que Estou aqui e para onde Estou Indo?

A nossa meta é sermos, aqui na terra, o reflexo do nosso Eu Superior — é manifestarmos todo o potencial inerente do nosso ser espiritual. Foi isso que Gautama Buda fez, e é por isso que ele é chamado de "Buda" (que significa "ser desperto"). Foi isso que Jesus fez, e é por isso que ele é chamado de "Cristo" (que significa "ungido"), aquele que foi ungido com a luz do Eu Superior. Por Jesus ter encarnado totalmente o seu Eu Superior, o apóstolo Paulo disse: "Pois nele habita corporalmente toda plenitude da divindade."

Gautama Buda, Jesus e todos os mestres ascensos nos ensinam que também podemos realizar todo o nosso potencial espiritual. Como? Compreendendo, acessando e desenvolvendo a nossa realidade espiritual. Liberando a nossa grandeza inata para podermos realizar o chamado mais elevado da nossa alma e ajudarmos os outros a fazerem o mesmo.

Todos nós temos momentos em que nos sentimos conectados com o Eu Superior — quando nos sentimos sensíveis e criativos, compassivos e atenciosos, amorosos e alegres. Mas, em outros momentos, nos sentimos fora de sintonia com o Eu Superior — quando ficamos zangados, deprimidos e perdidos. A senda espiritual consiste em aprender a manter o tempo todo esta conexão com a nossa parte mais elevada, para que possamos dar a maior contribuição possível à humanidade.

Como Chegarei Lá?

Passo a passo, a nossa alma está aprendendo a acessar o poder divino interior de forma a realizar o seu destino único. Isto não acontece de uma hora para outra. Acontece um pouco a cada dia. A espiritualidade é um processo — uma senda. Nós não estamos só caminhando por essa senda; muitas vezes estamos criando o caminho conforme caminhamos. E não é só o que fazemos durante a jornada que importa, mas *como* o fazemos.

Nesse processo de caminhada na senda pessoal e de realização do nosso destino, será que estamos dotando os nossos atos e relacionamentos — em casa, no trabalho e no lazer — com aquela qualidade especial do coração que só nós temos?

Será que somos capazes de nos manter conectados com essa parte espiritual? Será que somos capazes de mergulhar profundamente na nossa natureza divina para elevar as pessoas com as quais interagimos? Esta é a bela arte da prática da espiritualidade. "Mudar a qualidade do seu dia", diz Thoreau, "é a mais elevada das artes."

Num nível bem prático, as pessoas perguntam com freqüência: Como posso lidar com o estresse de todos os dias e ainda manter a minha sintonia espiritual? Como posso ser espiritual quando o meu computador pifa — pela quinta vez? Ou quando tenho de trabalhar até tarde novamente, e meu filho de sete anos espera que eu vá vê-lo jogar futebol? Ou quando acabei de descobrir que haverá uma redução de pessoal no meu trabalho? Como posso ter paz interior quando tudo à minha volta está desabando?

Não é fácil. Mas existem soluções práticas para os desafios que enfrentamos atualmente. Existem mapas que nos ajudam a navegar pelas águas agitadas e a passar pelos estreitos desfiladeiros da vida. Este é o tema deste livro.

Os conselhos para a espiritualidade prática, apresentados a seguir, foram colhidos na sabedoria das antigas tradições espirituais do mundo e na minha experiência. Quando foram colocados em prática, ajudaram a mim e a muitas outras pessoas a vencer os desafios da vida diária. O que compartilhamos aqui não esgota de forma alguma o assunto, é só um começo. Existe muito mais a ser dito — e cada um desses conselhos é tema para um livro. Na verdade, este é só o princípio. Pois o final depende de nós.

1. Reconheça a grande paixão da sua alma e transforme-a numa missão

> *Cada pessoa tem uma vocação especial...*
> *Existe uma determinada direção em que todo*
> *o espaço está aberto para ela.*
> — RALPH WALDO EMERSON

Cada um de nós nasceu para realizar uma tarefa especial na terra. Isso quer dizer que existe algo que cabe a nós fazer, e a ninguém mais — e, a menos que o façamos, para o bem das pessoas que amamos ou para o aperfeiçoamento da humanidade, ninguém mais o fará.

Muitas pessoas não têm a menor idéia de qual seja a sua missão, nem mesmo de que devem ter uma. Para descobrirmos qual é a nossa missão, devemos primeiro nos perguntar: *Qual a minha paixão? O que adoro fazer, o que preenche a minha vida? Sinceramente, o que me faz feliz?*

Um ditado hasídico alerta: "Todos deveríamos observar cuidadosamente a direção a que os nossos corações nos levam;

e, então, deveríamos escolher seguir essa direção com todas as nossas forças." Você saberá qual é a sua paixão, pois ela fará com que o seu coração cante de alegria. É ela que nos faz pular da cama de manhã. Quando falamos sobre a nossa paixão, nos sentimos animados, vigorosos e cheios de vida.

Isso não quer dizer que será sempre fácil seguir a paixão da nossa alma. Poderá ser como uma mistura de agonia e êxtase. Para começar, teremos de silenciar as vozes desagradáveis, que farão tudo para abafar a voz da nossa alma.

T. S. Eliot deu o seguinte conselho aos estudantes: "Tudo o que pensarem, certifiquem-se de que é o que vocês pensam... Já é ruim o suficiente pensar e desejar as coisas que os nossos pais querem que pensemos e desejemos; mas, pior ainda, é pensar e desejar o mesmo que todos os nossos contemporâneos." Bertrand Russell, uma vez, gracejou: "Devemos respeitar a opinião pública só o suficiente para não morrermos de fome e não irmos para a cadeia."

Outro motivo pelo qual não é fácil seguirmos a nossa paixão decorre do fato de termos de trabalhar duro. O nosso chamado é a caldeira onde forjamos a nossa verdadeira identidade. É o laboratório onde, como alquimistas do espírito, aprendemos a transformar os metais não preciosos da nossa natureza inferior no ouro do nosso eu superior.

Que você possa viver todos os dias da sua vida.

— JONATHAN SWIFT

Este trabalho com a alma é um labor sagrado que realizamos, não só para o nosso benefício, mas também para o benefício do próximo. O resultado será a dádiva que poderemos oferecer no altar da humanidade.

Se não aceitarmos esse desafio, se escolhermos uma fuga fácil — por ser mais confortável ou lucrativa —, teremos traído a nossa alma. Porque a alma, como observou Jim Lehrer, "precisa ser alimentada, assim como a conta bancária e o currículo".

Às vezes temos obrigações para com os outros que nos impedem de realizar a nossa paixão na sua totalidade e imediatamente. Algumas destas podem ser provenientes do nosso carma.[2] Por exemplo, uma circunstância pode exigir que tenhamos de cuidar, durante um determinado período de tempo, de uma criança, dos nossos pais doentes; ou que tenhamos de dar apoio a alguém, mesmo que contra a nossa vontade.

É sempre importante cumprirmos com as nossas obrigações cármicas, e quando tivermos saldado este "débito" espiritual com os outros, nos sentiremos mais leves e a nossa alma estará livre para realizar o seu chamado mais elevado. A melhor maneira de nos libertarmos de uma circunstância cármica que nos limita é nos entregarmos felizes e de coração à realização daquela obrigação, para que possamos ficar livres dela e seguirmos adiante na nossa senda.

Outro princípio a ser lembrado é o de que a nossa missão não será necessariamente o nosso trabalho. Seria uma maravilha se pudéssemos transformar a nossa paixão numa carreira, mas a nossa missão não precisa ser aquilo que fazemos para ganhar a vida. Pode ser algo que façamos depois do trabalho, como compor, ajudar crianças com problemas ou cuidar de animais.

Na verdade, a nossa missão pode não ser nada daquilo que fazemos, mas aquilo que *somos*. Ela pode consistir em colocarmos, em tudo o que fazemos, em todas as nossas interações com as pessoas e em todos os nossos relacionamentos, uma qualidade espiritual específica (como o amor, a compaixão, a paciência, a confiabilidade), para que a nossa vida seja um exemplo para os outros.

Por exemplo, o chamado de Madre Teresa e suas Missionárias de Caridade era servir aos mais pobres, vivendo entre eles. Mas era mais do que isso. A sua missão era ser o amor em ação. "Temos de levar o amor de Deus às pessoas, por meio do nosso serviço", disse Madre Teresa. "Não fazemos grandes coisas, só pequenas coisas com muito amor."

O mestre ascenso El Morya, conhecido pelos estudantes de Teosofia como Mestre M., ensina que a nossa missão é aperfeiçoar os talentos que foram colocados por Deus na nossa alma. Deus concedeu-nos certos talentos para que possamos compartilhar da parte mais elevada e verdadeira de nós mesmos com os outros. "O propósito da vida", diz ele, "é encontrar Deus — em nós mesmos, nos nossos talentos, no nosso chamado e no nosso labor sagrado. É dotar tudo o que fazemos com o Espírito."

> *O propósito da vida é viver uma vida com propósito.*
> — ROBERT BYRNE

No clássico espiritual mais popular da Índia, o *Bhagavad Gita*, o herói Krishna aconselha seu discípulo e amigo, Arjuna, a realizar o seu *dharma*, o plano divino da sua alma. O nosso *dharma* é a nossa razão de existirmos — o dever de sermos quem realmente somos, de realizar o nosso potencial real.

Quando, na véspera de uma batalha crucial, o guerreiro Arjuna hesita, Krishna diz-lhe que "o *dharma* de cada um, mesmo que realizado de forma imperfeita, é melhor do que o *dharma* de outra pessoa, realizado de forma perfeita".

Este ensinamento profundo reforça o ponto de que é nosso dever espiritual realizar a nossa própria missão. El Morya diz o mesmo da seguinte maneira: "A nossa própria canoa, mesmo que cheia de furos, é melhor do que o barco do outro. Nós damos valor a velejar no nosso próprio barco."

Quando não expressamos a paixão da nossa alma, as conseqüências podem ser devastadoras espiritualmente, emocionalmente e até mesmo fisicamente. Podemos ficar mal-humorados e até doentes física e emocionalmente. "A alma que está perdida fica muito suscetível à doença", diz a médica intuitiva Caroline Myss.[3]

O sentimento de que a vida perdeu a sua alma, ou de que a alma perdeu a sua vida, pode levar a vícios, como forma de escapar à realidade. Do ponto de vista espiritual, ele pode nos levar a uma noite escura da alma.

Sugiro que dedique algum tempo, quando estiver sozinho, para pensar sobre as questões que proponho a seguir. Elas poderão ser as questões mais importantes que você já respondeu na vida. De fato, periodicamente, devemos nos fazer estas perguntas, porque conforme a nossa alma se desenvolve, também se desenvolve a nossa missão.

A ESPIRITUALIDADE EM PRÁTICA

~ *Exercícios Espirituais* ~

■ **Descubra a sua paixão.** Se nunca tiver pensado sobre qual é a sua paixão na vida, talvez seja difícil responder a essa pergunta. Deixe que o seu coração responda, e deixe que a resposta venha na hora que quiser. Peça ao seu Eu Superior para que lhe dê a orientação divina necessária e, então, fique receptivo a todas as possibilidades.

Estou feliz com a direção que a minha vida está tomando e com a forma como uso meu tempo?

Qual é a minha paixão na vida?

Qual o maior talento que me foi dado por Deus para que eu compartilhe com os outros?

Como posso refiná-lo e aperfeiçoá-lo?

DESCUBRA A PAIXÃO CENTRAL DA SUA ALMA...

Como posso usar o meu talento para dar a maior contribuição possível à minha família e comunidade, aos que precisam de mim no meu círculo de influência?

Como posso capitalizar este talento para ganhar com ele o meu sustento e, assim, devotar uma percentagem maior de tempo a ele?

2 Simplifique, focalize e priorize as metas materiais e espirituais

A longo prazo, as pessoas só conseguem aquilo a que se determinam.
— HENRY DAVID THOREAU

Atualmente, nesta era em que a complexidade, a velocidade e a pressão aumentam, muitas pessoas estão escolhendo um estilo de vida cada vez mais simples. Elas estão trocando a subida exaustiva da escada das grandes corporações pela liberdade pessoal, por mais tempo para dedicar à família e aos amigos e por trabalhos menos estressantes — mesmo que não tão bem pagos.

O Instituto de Pesquisa de Tendências de Rhinebeck, em Nova York, estima que 15 por cento dos norte-americanos adultos adotaram uma vida mais simples; e que, até 2005, pelo menos 15 por cento do mundo desenvolvido estará aplicando este conceito de simplificação voluntária da vida de alguma forma (comparados a menos de 2 por cento em 1998). Essa não é somente outra moda passageira. É a resposta de toda uma geração ao profundo clamor da alma exigindo uma abordagem mais direta e significativa da vida.

Simplificar o estilo de vida só pode acontecer quando temos consciência das nossas prioridades — não só das metas materiais, mas também das espirituais. A resposta será diferente para cada um de nós. Cada pessoa tem necessidades materiais e espirituais diferentes, para que encontre o seu destino. E se sentimos que estamos sendo forçados a correr mais rápido do que as nossas pernas agüentam, pode estar na hora de parar e de repensar as nossas prioridades.

Será que tivemos tempo, ultimamente, de pensar sobre: *Quais as minhas metas específicas quanto à minha carreira, relacionamentos, saúde, lar, família e vida espiritual?*

Em termos de metas espirituais, pergunte a si mesmo não só *o que você quer fazer*, mas também *o que você quer ser*. Por exemplo, quanto tempo você quer dedicar a meditar, a refletir sobre si mesmo, a escrever um diário ou a trabalhar como voluntário na sua comunidade? Pense também sobre quem você quer se tornar e o que é necessário para que chegue lá. Deseja ser mais paciente, intuitivo ou clemente? O que impede esse crescimento espiritual? O que você precisa fazer para acabar com a raiva, o orgulho ou a ansiedade que sempre surgem no seu caminho?

Uma boa maneira de começar a simplificar e a se concentrar nos seus objetivos é *anotar as metas que deseja realizar em cada área de sua vida. Depois, avalie a lista inteira e organize os itens por ordem de importância. Então, pergunte a si mesmo quanto tempo dedica aos três itens mais importantes.*

Quando conseguimos comparar as três metas mais importantes com as atividades às quais dedicamos a maior parte do nosso tempo, nos surpreendemos ao descobrir que dedicamos quase nenhum, ou até mesmo nenhum, tempo às coisas que consideramos muito importantes. Se o tempo que dedicamos às coisas que consideramos mais importantes estiver defasado em relação à sua importância, temos de fazer alguma coisa para mudar isso.

Mas não pare aí. O passo seguinte é um dos mais importantes. Pergunte a si mesmo: *O que estou fazendo agora que não está contribuindo para as minhas metas mais importantes? Quais as minhas atividades que não contribuem para o meu aperfeiçoamento?*

Um exemplo simples: se passamos dez horas por semana assistindo à TV e duas horas indo ao cinema, mas não nutrimos a nossa alma escrevendo as poesias que prometemos a nós mesmos que escreveríamos, talvez devêssemos considerar a possibilidade de reorganizar as nossas atividades noturnas ou de fim de semana. Se acharmos que as três horas que dedicamos semanalmente a limpar a casa seriam mais bem aproveitadas lendo ou fazendo um curso de yoga, podemos considerar pagar uma pessoa para ajudar a cuidar da casa.

> *Para nutrir o coração nada melhor do que ter menos desejos.*
> — MENCIUS

Este exercício pode parecer simples, mas é muito profundo. Muitas vezes, por não pararmos para avaliar as nossas verdadeiras prioridades e por não nos dedicarmos a elas, perdemos um tempo enorme correndo em círculos. Talvez estejamos nos concentrando somente nas metas materiais, quando deveríamos dar a mesma atenção, ou até mais, às metas espirituais.

É uma boa idéia repetir esse exercício periodicamente e rever a lista de prioridades, porque elas podem mudar, conforme a nossa direção e os nossos valores evoluem ou fiquem mais definidos.

Exercícios Espirituais

■ **Priorize.** Passe algum tempo fazendo os exercícios sugeridos para priorizar as suas metas materiais e espirituais, detalhadas em itálico nas páginas 24-25.

■ **Seja fiel a si mesmo.** Ocuparmos da melhor forma possível o nosso tempo e energia é uma decisão que tomamos todos os dias. Procure reservar algum tempo aos domingos, antes de começar a semana, para responder a esta pergunta: *Quais são as coisas mais importantes que eu poderia fazer nesta semana que me ajudarão a realizar as minhas três prioridades de vida?* Embora você tenha muitas outras obrigações a cumprir durante a semana, planeje algum tempo todos os dias para ser verdadeiro consigo mesmo.

3 Escute a voz da sabedoria dentro de você

> *Você sabe ficar quieto e olhar dentro de si?*
> *Se sabe, verá que a verdade está sempre*
> *acessível, sempre atuante.*
> — LAO-TSÉ

A pequena voz dentro de nós está falando, mas nem sempre a estamos escutando. A arte da prática da espiritualidade pede que tenhamos um ouvido atento aos nossos deveres na terra, e o outro sintonizado com a voz da sabedoria interior, que está tentando chamar a nossa atenção, às vezes desesperadamente.

Essa voz interior pode vir a nós como a orientação do nosso Eu Superior ou um sinal da nossa alma. Pode ser a cotovelada de um anjo ou a mensagem de um mestre. Mas se nos rodeamos continuamente de barulho — seja música, TV ou conversas de telefone —, podemos estar afogando as valiosas vozes do espírito que cuidam da nossa alma.

Irmão Lawrence, um monge do século XVII, fez da arte de escutar a meta central da sua senda espiritual. Ele a chamava de a prática da presença de Deus. Dizia que gostava de manter uma "atenção simples e um olhar amoroso em Deus", mesmo em meio ao barulho e à confusão da cozinha onde trabalhava. Ele descrevia esta prática como uma "conversa habitual, silenciosa e secreta da alma com Deus". Em outras palavras, Deus está conosco em toda parte, não só quando meditamos, caminhamos pela natureza ou fazemos um retiro de fim de semana. Nós só temos de nos sintonizar com ele.

As estações de rádio transmitem o tempo todo; mas se não ligarmos o rádio e sintonizarmos a estação, não escutaremos a transmissão. Bem, Deus é como uma estação de rádio. Deus está conosco, onde quer que estivermos, pronto e desejoso de nos ajudar. Nós só temos de nos sintonizar na freqüência espiritual adequada.

O rabino Adin Steinsaltz diz que, na tradição hasídica, "a voz que ditou a Lei, os Dez Mandamentos, nunca parou de falar... Existe uma mensagem muito clara que está sempre sendo transmitida. O que mudou é que não estamos mais escutando".[4] Alguns de nós, ele admite, não desejam escutar o que Deus tem a dizer. Será porque estaríamos com medo de que Ele nos disse para fazer algo que não desejamos fazer?

Podemos aprender muito sobre a arte de escutar com os místicos das tradições espirituais do mundo. O grande yogue tibetano Milarepa é retratado nessa tradição com a mão direita ao ouvido, escutando. Os estudiosos supõem que ele esteja escutando os ecos da natureza ou que ele seja um *shravaka*. A palavra significa literalmente "escutar", mas é usada para descrever um discípulo do Buda que aprendeu a escutar a voz interior e a voz dos seus mentores espirituais.

No século III, o renomado teólogo e místico cristão, Orígenes de Alexandria, ensinou: "Não acredite que Deus fala conosco de fora. Pois estes pensamentos sagrados que surgem no coração são a forma de Deus falar conosco."

Madre Teresa de Calcutá disse que escutou um chamado claro de Deus, no início da sua missão. Isso aconteceu quando ela estava em oração silenciosa e íntima, durante uma viagem de trem a Darjeeling, na Índia. "A mensagem era bem clara: eu deveria deixar o convento e ajudar os pobres, vivendo entre eles", disse ela. "Foi uma ordem."

Swami Prabhavananda contou que seu instrutor espiritual disse-lhe que nunca realizaria nada enquanto não recebesse a ordem direta de Deus para fazê-lo. "Os devotos insistiram em marcar a data da minha ida", disse ele. "Para evitar ser constantemente importunado, procurei marcar uma data. Mas não viajei, não fiz nada, até que soube a vontade do Senhor... Tudo o que faço, recebo uma ordem direta de Deus para fazê-lo."[5]

A mística do século XVI, Teresa de Ávila, disse que a sua vida era guiada pelas ordens, revelações e repreensões que recebia de Deus. Quando Deus queria que a sua alma soubesse de alguma coisa, conta ela, Ele fazia com que ela o soubesse "sem imagens nem palavras explícitas". Teresa de Lisieux disse a mesma coisa, admitindo que, embora nunca tenha escutado Jesus falar com ela, "Ele está dentro de mim o tempo todo; Ele me orienta e me inspira acerca do que devo dizer e fazer". Com freqüência, esses momentos de iluminação aconteciam quando ela não estava em oração, mas "em meio às atividades diárias".

Ela também praticava o que Irmão Lawrence descreveu como uma conversa habitual, silenciosa e secreta da alma com Deus. A palavra *conversa* é crucial. Quando conversamos, não só falamos, mas também escutamos. "A arte da conversa consiste em exercitarmos duas qualidades muito especiais", disse Benjamin Disraeli. "Temos de ter, ao mesmo tempo, o hábito de nos comunicar e o de escutar. Esta união é bem rara, mas é irresistível."

> *Sem nem mesmo abrir a janela,*
> *podemos conhecer os caminhos do Céu.*
> *Pois, quanto mais longe se vai,*
> *menos se sabe.*
> — LAO-TSÉ

Esses dois hábitos se aplicam à nossa conversa com Deus — e os que se sintonizam melhor com essa voz interior de sabedoria alcançam realmente algo raro e irresistível. Chamamos esses místicos de gênios e os consideramos uma categoria evolutiva à parte. Mas estamos todos destinados a fazer o que eles fazem.

Como outros místicos, Teresa não achava que as comunicações de Deus fossem algo reservado a poucos escolhidos. Ela dizia que o encontro pessoal e direto com Deus pode acontecer durante as nossas tarefas diárias. "O Senhor", disse ela uma vez às irmãs do convento, "está entre as panelas e os tachos, ajudando-nos tanto exterior quanto interiormente."

No seu estilo brincalhão, Teresa conta sobre uma ocasião em que Jesus iluminou-a de uma certa maneira. "Logo depois, eu me esqueci", ela escreve. "E, enquanto tentava lembrar-me, escutei: 'Você já sabe que eu às vezes falo com você;

não deixe de escrever o que digo; pois, embora possa não beneficiar você, poderá beneficiar outros."[6] Isto nos mostra que temos a responsabilidade de ficar atentos à orientação interior que recebemos no fundo do nosso coração, porque ela pode salvar, não só a nós, mas aos outros também.

As intuições de Teresa avisaram-na sobre eventos futuros e, muitas vezes, faziam com que ela agisse contra a sua vontade e tivesse de mudar de planos. Mas ela nunca se arrependeu de ter seguido as instruções que recebeu. Ela disse que, às vezes, "o Senhor me avisa de algum perigo que estou correndo, ou que outras pessoas estão correndo, e me avisa de coisas futuras — com três ou quatro anos de antecedência — e tudo se realiza".[7]

Tive várias experiências em que recebi instruções interiores dadas pela voz da sabedoria dentro de mim — por estes *insights* sempre fui muito grata. Tais instruções podem ser muito precisas. Uma vez, eu estava dirigindo um carro no campo da Virgínia. Estava um dia lindo e as janelas do carro estavam abertas. Subitamente, tive a intuição de fechar a janela. Assim que terminei de fechá-la, um tomate espatifou-se contra ela. Havia crianças escondidas nos arbustos jogando tomates podres nos carros que passavam.

Uma amiga contou-me que, um dia, quando estava indo se deitar, sentiu que devia deitar-se com a cabeça nos pés da cama. Ela não sabia por que, mas decidiu obedecer à voz interior. Assim que se acomodou, a planta da sua colega de quarto, que estava pendurada no teto, caiu exatamente sobre o local onde estaria a sua cabeça.

Nunca pude esquecer a história que ouvi no noticiário sobre o ônibus urbano de Seattle, cheio de visitantes de fim de semana, que bateu contra o guarda-corpo de uma ponte e despencou cerca de 15 metros quando o motorista foi baleado no braço. O ônibus caiu sobre o telhado de um prédio de apartamentos.

Uma mulher que ali morava, naquele momento, estava fora do prédio. Ela escutou a batida e viu pedaços de concreto voando por todos os lados. "Eu pensei comigo — vou morrer agora, vou morrer", contou ela. Foi então que sentiu a voz interior. "Fiquei totalmente imobilizada, mas algo como um anjo da guarda, ou força assim, me fez sair dali." Ela saiu ilesa do acidente por um triz, quase foi atingida por um grande bloco de concreto.

Deus nos envia mensagens e avisos de muitas maneiras, sobre coisas grandes e pequenas. A voz interior da sabedoria pode surgir a qualquer momento, quando estamos receptivos para escutá-la.

> *Deus fala no silêncio do coração.*
> — MADRE TERESA

Passamos uma grande parte do nosso dia de forma ativa — gastando energia para fazer coisas — e nem sempre paramos um momento para conscientemente entrar no estado receptivo. Para isso, podemos precisar silenciar o barulho do mundo, nos afastar das pessoas, dos lugares e das circunstâncias que não nos ajudam a manter a comunhão com essa voz interior. "Deus disse que não é bom que o homem fique sozinho", brincou certa vez John Barrymore, "mas, às vezes, isso é um grande alívio!" E, com mais seriedade, Madre Teresa acreditava que, quando estamos sozinhos em silêncio com Deus, "acumulamos o poder interno, que distribuímos através dos nossos atos".

É importante termos alguns momentos todos os dias para reunir este poder interior — para escutar as orientações, as ordens e o conforto, que nem sempre encontramos nos amigos, na família ou no nosso companheiro. Não parece muito difícil — parar por um momento para conversar com Deus ou com o nosso Eu Superior e, então, escutar o que eles têm a nos dizer. Como tudo o mais, temos de fazer disso um hábito, até que se torne algo que fazemos automaticamente.

Exercícios Espirituais

■ **Entre na câmara secreta e peça orientação divina.** Pare em algum momento do dia e pergunte a Deus, ao seu Eu Superior ou ao seu anjo da guarda, por exemplo: *Que atitude devo tomar nessa situação? Como ajudar essa pessoa que amo, e que está sofrendo? Como superar esse problema que se arrasta?*

Feche os olhos e veja-se entrando na câmara secreta do coração, onde se encontrará face a face com o seu Eu Superior.

Conscientemente, passe para um estado receptivo e afirme que está aberto para receber a resposta à oração feita no seu coração.

*Estou aberto para escutar, perceber, sentir e intuir
a sabedoria interior que posso receber. Mostra-me, ó Deus,
como posso manter meu ouvido interior atento
e meu coração receptivo; e ensina-me a usar
a sabedoria que recebo de Vós para ajudar o próximo.*

Então, escute a resposta, que pode vir imediatamente, ou mais tarde. Fique atento para receber a mensagem e o mensageiro — seja uma intuição, um telefonema inesperado ou o desenrolar dos acontecimentos.

■ **Separe um tempo para ficar sozinho todas as semanas** (se necessário, marque na agenda) — um tempo reservado para um período mais longo de conversa e comunhão com o divino. Você pode usar esse tempo para meditar, rezar ou ler algo inspirador.

■ **Saboreie os momentos de silêncio.** Evite ceder à tentação de ocupar todos os momentos do seu dia com rádio, TV ou mesmo música. Quando existir o silêncio, saboreie-o. Essas são oportunidades únicas de introspecção.

- **Inspire-se.** Tome em suas mãos o seu texto sagrado favorito ou um livro inspirador. Faça uma oração pedindo a Deus que lhe mostre a resposta de uma determinada pergunta, e que lhe faça abrir a página que vai dar-lhe aquilo de que precisa em tal momento. Abra o livro e deixe que os seus olhos caiam sobre uma passagem específica.

- **Mantenha um registro** dos seus impulsos interiores, das mensagens e orientações que recebeu ao escutar a voz da sua sabedoria interior. Anote a forma como esta orientação o ajudou. Então, quando estiver passando por um período difícil, poderá relê-lo para lembrar-se de não perder a fé na voz interior.

- **Compartilhe.** Como Teresa de Ávila, podemos ter revelações interiores que podem beneficiar os outros. Procure esforçar-se para compartilhar essas experiências com alguém que precise de ajuda.

4. Crie um espaço santificado e faça uma conexão espiritual todas as manhãs

O seu espaço sagrado é onde você consegue encontrar-se sempre.
— JOSEPH CAMPBELL

Temos acesso a uma vasta reserva espiritual, que nos pode guiar diariamente de forma prática; mas temos de reservar tempo para acessar essas fontes de sabedoria.

Muitas pessoas descobriram que criar um local sagrado as ajuda a fazer essa conexão. Podemos fazer isso de forma simples e fácil criando um altar pessoal em casa, até mesmo num canto do quarto.

Esse altar pode ser adornado com qualquer coisa que nos inspire e nos ajude a fazer a conexão com Deus e com o Eu Superior. Podemos colocar velas, flores ou plantas no altar. Podemos acrescentar retratos, imagens de santos ou de mestres, bem como fotos das pessoas pelas quais rezamos regularmente. Lindos cristais ou taças de cristal podem servir como cálice, para focalizar a luz de Deus no lar. Acima do altar, ou colocado sobre ele, podemos ter uma Imagem do Eu Divino[8] para ajudar-nos a nos sintonizar com a presença de Deus dentro de nós.

O nosso altar é o local onde vamos para "alterar", ou transformar. Quando reservo tempo logo ao acordar para conectar-me com Deus por meio de uma oração sincera, isto transforma o meu dia. Ele passa muito mais suavemente. Não fico presa a distrações inúteis nem a emergências que me afastem das minhas metas.

A oração, na realidade, é uma conversa. Nós não procuramos Deus sozinhos; Deus também nos procura, para nos guiar, confortar, direcionar e ajudar. Fazer uma conexão espiritual por meio da oração é o que Teresa de Ávila chamava de "uma conversa íntima entre amigos". Os amigos conseguem abrir o coração sem reservas, compartilhando igualmente as alegrias e as tristezas. Podemos fazer o mesmo ao rezarmos para Deus. Teresa também nos avisou que, assim como os laços de família e as amizades são destruídas pela falta de comunicação, nosso relacionamento com Deus pode ser perdido se não rezamos.[9]

Esta conversa matinal com Deus não precisa ser longa. Sentados ou de pé em frente ao altar, podemos fechar os olhos, fazer algumas respirações profundas e entrar no espaço santificado do coração — a câmara secreta onde habita a nossa centelha divina. Teresa de Ávila chamava esse local especial de castelo interior. Na tradição hindu, o devoto deve visualizar uma ilha de jóias dentro do coração, e lá, no seu altar interior, deve prestar homenagem ao seu instrutor.

CRIE UM ESPAÇO SANTIFICADO E FAÇA UMA CONEXÃO

Jesus também se referiu à câmara secreta quando falou para entrarmos nos nossos "armários" para rezar. Quando eu era menina, ficava imaginando em que tipo de armário os discípulos entravam. Será que as pessoas tinham armários naquele tempo? Não podemos rezar dentro de um armário — não tem ar suficiente! Mais tarde, percebi que entrar no armário para rezar era uma metáfora que significava passar para um outro compartimento da consciência. É entrar no santuário do coração e fechar a porta para o mundo exterior.

> *Quando os humanos participam de uma cerimônia, eles entram em um espaço sagrado...Tudo é renovado; tudo se torna sagrado.*
>
> — SUN BEAR

Esse santuário do coração é o jardim secreto onde nos retiramos para comungar com Deus e com o nosso instrutor interno, o nosso Eu Superior. Pense nele como a sua sala de meditação particular. Ali podemos dizer a Deus o quanto o amamos. Podemos expressar a nossa gratidão pelas bênçãos que recebemos. Podemos convidar os anjos e os mestres para participarem da nossa vida, ajudando-nos a alcançar as nossas metas espirituais e materiais de cada dia.

Duas coisas importantes que temos de ter em mente são que a oração falada é mais eficiente do que a oração silenciosa,* e que podemos aumentar a força da nossa oração quando es-

---

*Veja páginas 47-51.

pecificamos as nossas metas e visualizamos o que queremos que aconteça.

Devemos mencionar as condições exatas nas quais desejamos que os anjos atuem, seja na nossa vida pessoal, na comunidade ou no cenário mundial; como, por exemplo, crime, corrupção, pobreza, violência contra as crianças, problemas econômicos ou poluição. Quanto mais específicas forem as nossas orações, mais eficientes serão os resultados. Eis um exemplo de oração que podemos fazer:

Ó Deus, une-Te a mim hoje, enquanto uso este dia para realizar o meu chamado mais elevado. Protege a minha alma. Protege o meu tempo. Protege a minha harmonia. Ajuda-me a abraçar a causa do meu serviço à vida sem ser perturbado. Suplico a Tua intervenção divina e a dos Teus anjos. E aceito que isto seja feito com pleno poder.

Anjos da luz, removei todos os obstáculos ao serviço que devo prestar hoje a Deus. Comandai a reunião da qual vou participar com [nomeie os participantes] *na* [hora e local] *e levai-nos ao melhor resultado possível!*

Amado Cristo interior, amado Buda interior, ensinai-me agora a ser amoroso e compassivo, e ajudai-me a não me sentir nem zangado nem frustrado. Levai-me ao lugar certo, na hora certa, para conseguir o trabalho de que preciso!

CRIE UM ESPAÇO SANTIFICADO E FAÇA UMA CONEXÃO

Amados anjos, ide hoje, e todos os dias, proteger os meus filhos e todas as crianças e adolescentes do mundo. Protegei-os de todas as formas de ameaça aos seus corpos, mentes e almas. Elevai os seus pais e professores, e trazei para as suas vidas os exemplos e a orientação de que precisam para realizar o seu plano de vida único.

Que todas as minhas orações sejam ajustadas à vontade de Deus.

Sempre que fazemos uma oração, esta é instantaneamente recebida por Deus e seus anjos, cuja função é tornar os nossos pedidos realidade, enquanto estes estiverem de acordo com a vontade de Deus. Como podemos não saber qual é a melhor solução para cada situação, devemos sempre pedir que Deus ajuste os nossos pedidos de acordo com o que for melhor para a nossa alma ou para aqueles por quem estamos rezando. As nossas orações são *sempre* respondidas — mas nem sempre da forma que desejamos. Às vezes, existe uma lição que precisamos aprender, ou existe uma outra solução para o problema, uma que não somos capazes de perceber.

Quando fazemos uma oração por nós ou pelos outros, podemos aumentá-la, incluindo todas as pessoas que estão em situação semelhante. Por exemplo, quando rezamos por um amigo que é portador do vírus da Aids, podemos pedir também "por todos os que estão sofrendo de Aids ou de qualquer outra doença terminal".

Seja qual for a oração que façamos durante o ritual matinal, é uma boa idéia começarmos invocando a proteção espiritual, para nós e para as pessoas que amamos. Recomendo duas orações simples de proteção: "Tubo de Luz" e a "Proteção em Viagem".

Ao fazermos a afirmação do "Tubo de Luz", um cilindro de luz branca descerá do Espírito, em resposta ao nosso chamado. Os santos e místicos das religiões do mundo testemunharam essa luz branca em suas meditações e orações. Os israelitas conheceram o tubo de luz como o "pilar de nuvens" durante o dia e o "pilar de fogo" durante a noite, durante a sua jornada no deserto. E Deus prometeu, por meio do profeta Zacarias: "Eu serei para ela [Jerusalém] um muro de fogo em redor, e eu mesmo serei, no meio dela, a sua glória."

A luz branca também pode nos ajudar a ficarmos centrados e em paz. Ela nos protege das energias negativas que nos podem ser enviadas como a raiva, a condenação, o ódio ou a inveja de alguém. Quando estamos desprotegidos, essas energias agressivas podem nos irritar ou deprimir. Podem até nos causar acidentes.

Esta luz branca consegue também proteger-nos da pressão da consciência de massa. Quando nos sentimos exaustos, depois de irmos ao centro da cidade ou de fazermos compras no centro comercial, com freqüência, isto se deve ao fato de as nossas reservas físicas e espirituais terem sido literalmente sugadas.

O melhor é fazermos a afirmação do "Tubo de Luz" todas as manhãs, antes de começarmos o afã do dia. Se no correr do dia nos sentirmos sem energia, exaustos ou vulneráveis, podemos nos afastar de todos, por alguns minutos, e repetir a oração.

Para intensificar o ritual matinal de proteção, podemos fazer também "Proteção em Viagem", ou outra oração ao Arcanjo Miguel. Ele é o anjo mais reverenciado por várias tradições religiosas do mundo, como o Judaísmo, o Cristianismo e o Islamismo. Um dos manuscritos encontrados no Mar Morto refere-se a Miguel como "o poderoso anjo ministrante"; por meio dele, Deus prometeu "enviar ajuda perpétua" aos filhos da luz. Na comunidade cristã primitiva, o Arcanjo Miguel era considerado um protetor e curador celestial. Chamado Mika'il na doutrina mulçumana, ele é conhecido como o anjo da natureza, que provê tanto alimento quanto conhecimento ao homem.

> *A oração deveria ser a abertura da manhã e o fechamento da noite.*
> — THOMAS FULLER

Ao praticarmos as técnicas descritas a seguir, devemos nos lembrar de que as visualizações podem intensificar os benefícios das nossas orações. Isto se deve ao fato de que, ao colocarmos a nossa atenção em algo, estamos nos "unindo" a ele, e carregando-o com energia. A imagem que fazemos na mente atua como um molde, e a nossa atenção, como um magneto que atrai as energias criativas do Espírito para preencher este molde. "Somos o que pensamos", ensinava Gautama Buda, "tendo nos tornado naquilo que pensamos."

Por isso, quando pensamos, podemos visualizar o exato efeito que desejamos ter com a oração, como se já estivesse acontecendo no momento presente. Visualize a situação acontecendo como se assistisse a um filme. Se não tivermos a idéia do resultado que desejamos, devemos nos concentrar nas palavras da oração e ver o que elas descrevem acontecendo na nossa frente.

Exercícios Espirituais

■ **Faça um altar para você.** Escolha um local de sua casa no qual possa estabelecer o seu altar pessoal, seu espaço sagrado, mesmo que seja num cantinho do seu quarto ou da sala (como foi descrito nas páginas 37-38.)

■ **Seja específico nas suas orações.** Dedique algum tempo para fazer a sua "lista de desejos". Não seja comedido nem se limite com o que acha que Deus pode realizar. Espere milagres!

Então, como parte do seu ritual matinal de união espiritual e de oração, seja *criativo* e *específico* ao formular os seus pedidos de atuação divina. Mencione em voz alta as atividades específicas e os resultados que deseja ver acontecer naquele dia, as condições que precisam ser corrigidas e as situações que deseja ver resolvidas.

Não se esqueça de mencionar os que precisam da luz curadora de Deus, visualizando os resultados que deseja que sejam alcançados.

■ **Comece cada dia invocando uma luz protetora** em torno de si e das pessoas que ama, fazendo a afirmação do "Tubo de Luz" três vezes.

CRIE UM ESPAÇO SANTIFICADO E FAÇA UMA CONEXÃO

Visualização:

Ao recitar esta afirmação, veja-se como a figura da Imagem do Seu Eu Divino (página 70). O seu Eu Superior está acima de você. Acima dele, está a sua Presença do EU SOU, a presença de Deus em você.

Visualize e procure sentir uma cascata de luz branca resplandecente, mais brilhante do que a luz do sol refletida sobre a neve recém-caída, descendo da sua Presença do EU SOU para envolvê-lo. Veja esta luz coalescer, até formar uma parede impenetrável de luz.

Dentro dessa aura cintilante de luz branca, veja-se envolvido pela chama violeta do Espírito Santo, uma energia poderosa, de freqüência espiritual muito elevada, que transforma a negatividade (sua ou dos outros) em energia positiva e amorosa.*

De vez em quando, durante o correr do dia, reforce essa proteção espiritual, repetindo a oração e visualizando-se dentro do tubo de luz.

Tubo de Luz

Presença do EU SOU tão amada,
Sela-me no tubo de Luz
Da chama dos Mestres Ascensos
Em nome de Deus agora invocada.
Que ele liberte o meu templo
De toda discórdia que me é enviada.

---
*Veja páginas 84-87.

*A Chama Violeta invoco agora
Para todo desejo consumir,
E arder pela Liberdade
Até no seu fogo me fundir.*

■ **Fortaleça-se fazendo chamados ao Arcanjo Miguel** pedindo a ele força espiritual e proteção. Faça a oração "Proteção em Viagem", a seguir, três vezes ou quantas vezes desejar. Se não tiver tempo de fazer esta oração pela manhã (seja no seu altar, ou enquanto se prepara para começar o seu dia), recite-a em voz alta quando estiver dirigindo para o trabalho, baixinho ao caminhar ou silenciosamente dentro do ônibus ou do metrô.

Visualização:
Visualize o Arcanjo Miguel como um anjo magnífico, vestindo uma armadura fulgurante e uma capa azul safira brilhante (a cor da proteção). Veja-o colocar a sua magnífica presença sobre você, sobre a sua família e amigos, e sobre todos por quem estiver rezando.

Proteção em Viagem

São Miguel à frente,
São Miguel atrás,
São Miguel à direita,*

---
*O título *São Miguel*, usado nessa oração, é um título de honra, indicando que o Arcanjo Miguel leva consigo o poder e a presença de Deus.

São Miguel à esquerda,
São Miguel acima,
São Miguel abaixo,
São Miguel, São Miguel,
aonde quer que eu vá!

EU SOU o seu Amor que protege aqui!
EU SOU o seu Amor que protege aqui!
EU SOU o seu Amor que protege aqui!

O Poder Criativo do Som

Descobertas e estudos científicos apontam para o que os curadores e sábios já sabiam milhares de anos atrás: o som é a chave para a vitalidade física, emocional e espiritual. Atualmente, o ultra-som (ondas sonoras de alta freqüência) está sendo usado para tudo, desde a limpeza de ferimentos, o diagnóstico de tumores até a pulverização de cálculos renais. No futuro, ele poderá até ser usado para se injetar remédios no corpo, tornando o uso das agulhas obsoleto.

Profissionais de saúde da área alternativa estão pesquisando o uso de tons específicos na cura de órgãos. Certo tipo de música clássica, dos compositores Bach, Mozart e Beethoven, é conhecido por facilitar o aprendizado, aumentar temporariamente o QI e melhorar a memória.

O poder criativo do som está presente também no seio das tradições espirituais do mundo, do Oriente ao Ocidente; na Shema e Amidah judaicos, no Pai-Nosso cristão, no Shahadah mulçumano, no Gayatri hindu e no Om Mani Padme Hum budista.

Textos hindus trazem relatos poderosos sobre yogues que usavam mantras para proteção e sabedoria, para aumentar a sua concentração e meditação, e para ajudá-los a alcançar a iluminação e a união com Deus. Na tradição mística judaica, os cabalistas ensinam que invocar e meditar nos nomes de Deus permite-nos acessar uma fonte infinita de poder, que restabelece a paz e a harmonia no mundo. A tradição católica ensina que Santa Clara de Assis salvou o seu convento do ataque dos sarracenos empunhando a eucaristia e fazendo orações em voz alta.

Os maiores revolucionários — os revolucionários do Espírito — consideravam a oração, especialmente a falada, um dos agentes principais de mudança. Quantas vezes ligamos a TV e ficamos desanimados ao ver crianças indefesas sofrendo mais um episódio de limpeza étnica? Ou assistimos às vítimas de um terremoto ou tornado procurando seus pertences sob os escombros das casas? Quantas vezes desejamos poder ajudar de alguma forma? O poder criativo do som dá-nos uma forma de fazermos isso.

As orações e afirmações apresentadas neste livro devem ser feitas em voz alta, numa forma de oração dinâmica chamada "decreto". Os decretos, bem como outras

CRIE UM ESPAÇO SANTIFICADO E FAÇA UMA CONEXÃO

formas de oração, são pedidos verbais feitos a Deus. Quando meditamos, comungamos com Deus. Quando rezamos, nos comunicamos com Deus e pedimos Sua ajuda. Quando decretamos, comungamos e nos comunicamos com Deus, e orientamos Sua luz para que venha atuar no nosso mundo, para mudar as circunstâncias que vemos à nossa volta. Estamos, com efeito, comandando o fluxo de energia do Espírito para a matéria.

Foi isso que Deus nos pediu que fizéssemos, quando disse por meio do profeta Isaías "perguntai-me sobre as coisas futuras acerca dos meus filhos; e, acerca da obra das minhas mãos, comandai-me", e quando disse a Jó "orarás a Ele [o Todo-Poderoso], e Ele te ouvirá....Vós também decretareis algum negócio, e ele realizar-se-á".[11] Quando usamos o poder criativo do som por meio de orações e decretos falados, não estamos somente "pedindo" ajuda, estamos criando uma aliança e um relacionamento interativo com Deus.

A oração, a meditação e o decreto são sempre um mergulho no divino; e existe uma hora e um local apropriados para o uso de cada uma dessas devoções. Os decretos reúnem a oração, a meditação, a afirmação e a visualização; e devotos de muitas tradições espirituais descobriram que essa forma avançada de oração desenvolve muito sua prática espiritual.

> Quando entendida e aplicada de forma correta, [a oração] é o instrumento de atuação mais poderoso.
>
> — MOHANDAS GANDHI

Os decretos, tal como as orações e os mantras, devem ser repetidos, da forma como os católicos repetem a Ave-Maria e os budistas repetem seus cantos sagrados. Muitas vezes, as pessoas perguntam o motivo de pedirmos algo a Deus mais de uma vez. Repetir uma oração ou decreto não é só fazer um pedido muitas vezes. É uma equação de energia. Cada vez que a repetimos, estamos construindo um momentum. *Estamos trazendo mais e mais luz espiritual para aquela situação, para gerar uma assistência maior, para suprir aquela necessidade.*

Místicos e cientistas já demonstraram os benefícios de repetir as orações. Ao longo dos séculos, místicos da Igreja Ortodoxa Oriental relataram experiências místicas extraordinárias pela tradicional repetição da simples oração: "Senhor Jesus Cristo, tenha piedade de mim."

O Dr. Herbert Benson, presidente e fundador do Instituto Médico Mente/Corpo, da Escola de Medicina de Harvard, descobriu que aqueles que repetiam mantras em sânscrito durante pelo menos dez minutos por dia passavam por mudanças fisiológicas — a batida cardíaca reduzia-se, os níveis de estresse diminuíam e o metabolismo ficava mais lento. Estudos posteriores demonstraram que a repetição de mantras pode beneficiar o sistema imunológico, aliviar a insônia, espaçar as visitas ao médico e até mesmo elevar a auto-estima. Quando Benson e seus colegas testaram outras formas de oração, como "Jesus Cristo, tenha piedade de mim", descobriram que produziam os mesmos efeitos positivos. Resumindo, a oração repetida energiza.

CRIE UM ESPAÇO SANTIFICADO E FAÇA UMA CONEXÃO

Os decretos são feitos, geralmente, três vezes ou em múltiplos de três. Quando fazemos um decreto três vezes, ele acessa o poder da Trindade. Ele cria também um fator multiplicativo, de forma que os decretos têm o ímpeto adicional do "três vezes três", ou o poder do nove.

As orações e decretos sugeridos neste livro foram escolhidos entre as palavras dos santos e dos mestres do Oriente e do Ocidente. Como esses seres iluminados alcançaram os níveis mais elevados de comunhão íntima com Deus, suas palavras são como cordas que também podemos usar para manter uma conexão espiritual forte. Elas são fórmulas sagradas para a liberação do poder de Deus.

5 Peça aos anjos para atuarem na sua vida

*Não quero mais que você converse com as pessoas,
mas que converse com os anjos.*
— JESUS A SANTA TERESA DE ÁVILA

A palavra anjo vem do termo grego *angelos*, que significa "mensageiro". Os anjos são realmente arautos — além de ajudantes, curadores, instrutores e amigos. Gosto de pensar nos anjos como extensões da presença de Deus, criados para serem "ângulos" da consciência de Deus. Eles representam e amplificam os atributos divinos; e nos dão a ajuda bem pessoal de que necessitamos na nossa jornada na terra.

São Basílio disse: "Moisés ensinou que todos os crentes têm um anjo para guiá-los, como instrutor e pastor." Os patriarcas da igreja primitiva ensinavam que todas as cidades, aldeias e vilas — e todas as paróquias e famílias — têm um anjo da guarda especial. Os hebreus, e alguns dos primeiros cristãos, ensinavam que até mesmo as nações têm os seus próprios anjos da guarda.

A tradição islâmica diz que existem quatro anjos da guarda designados para proteger cada um de nós, dois durante o dia e dois durante a noite. (Eles devem trabalhar em turnos contínuos!) Outros anjos são descritos como "viajantes piedosos", que varrem o país e relatam a Alá tudo o que viram. Na tradição do Zoroastrismo, os Amesha Spentas, correspondentes aos arcanjos da tradição judaico-cristã ou ao sefirot da Cabala, personificam atributos divinos e lutam para destruir o mal e promover o bem.

Algumas pessoas dizem: "Se existem todos esses anjos para nos ajudar, então, por que eles ainda não fizeram nada a respeito deste problema na minha vida ou na minha vizinhança?" O que essas pessoas não entendem é que o universo não funciona num sistema vertical de administração; ele está baseado no livre-arbítrio e no trabalho de equipe.

Quando Deus nos criou, ele nos deu o livre-arbítrio para que pudéssemos exercitar a nossa individualidade. Deus não volta atrás na palavra dada. Ele respeita o nosso livre-arbítrio. Podemos considerar a terra como um laboratório onde Deus nos deu a liberdade de experimentarmos e evoluirmos. Se Deus, como um pai indulgente e repressor, enviasse os seus anjos para virem correndo nos impedir todas as vezes que estivéssemos prestes a cometer um erro, não experimentaríamos as conseqüências das nossas escolhas certas e erradas — que é a forma como aprendemos as nossas lições e crescemos espiritualmente.

Por isso, de acordo com a lei universal, precisamos pedir a Deus e aos anjos para que intervenham na nossa vida. Quando nós pedimos, estamos dando a eles o poder de agir em nosso benefício, e de fazer o que é melhor para nós. Estamos abrindo uma sociedade com o divino, unindo o céu e a terra — num trabalho de equipe.

Durante anos, recebi muitas cartas contando-me como os anjos salvaram uma situação. Certa vez, uma pessoa escreveu-me contando que estava voltando para casa com amigos, vindo de um seminário, quando começou a ter problemas com o carro. "Enquanto dirigia para casa", disse ele, "meu carro quebrou e começou a esquentar muito. Nenhum de nós tinha dinheiro para pagar um conserto e estávamos — literalmente — voltando para casa 'nas asas dos anjos'.

"Cada vez que o marcador de temperatura começava a subir, eu fazia fervorosos chamados aos anjos. Eu disse aos que viajavam comigo que ficassem visualizando todo o motor coberto de neve, dentro de um riacho cristalino gelado das montanhas e envolto com muito gelo. Então, eu via o marcador de temperatura imediatamente voltar ao normal. Esta foi uma prova maravilhosa do poder da palavra falada e da intercessão dos ajudantes celestiais."

> *Se esses seres os protegem, é porque foram chamados pelas suas orações.*
>
> — SANTO AMBRÓSIO

Às vezes, podemos não estar conscientes de um perigo iminente e, se não pedirmos a sua intercessão, fica muito mais difícil para os anjos nos avisarem e nos protegerem desses perigos. Isto é especialmente verdadeiro quando já estabelecemos uma relação permanente com os anjos e já temos um *momentum* de convidá-los para atuar na nossa vida. Os anjos também podem vir em nosso socorro quando outra pessoa reza por nós, ou quando merecemos uma proteção especial como prêmio por termos feito uma coisa boa no passado.

Este foi o caso de uma história que uma mulher me contou. Uma noite, ela acordou de repente, com a mão cobrindo o seio, com os dedos segurando o que se descobriu, mais tarde, ser um tumor de 10 centímetros. "Senti uma presença angelical perto de mim, ao lado da minha cama", contou ela. "'Acorde! Temos trabalho a fazer!', foi a mensagem. Acordei imediatamente, com cada célula do meu corpo alerta. Meu primeiro pensamento foi: 'Isto não vai ser divertido. É um câncer, e vai ser difícil.' E era verdade. *Era* um câncer e *foi* difícil."

Vez por outra, com o passar do tempo, ela voltou a sentir a vibração angélica que lhe havia despertado no meio da noite. "Parecia que ela estava me guiando para seguir adiante", disse ela. Por exemplo, um dia antes da cirurgia, ela devia fazer uma consulta médica. Ela havia dormido só duas ou três horas por noite e não conseguia digerir os alimentos. "Será que eu vou agüentar ir a esta consulta?", pensou, deitada na cama. Foi quando viu os anjos entrarem no quarto.

"Pelo menos uns vinte vieram na minha direção", escreveu ela. "Quando eles se aproximaram, pareceu que eu havia sido levantada acima da cama uns 20 centímetros. Eles cuidaram de mim, alinharam-se ao longo da cama em ambos os lados, movendo as mãos sobre o meu corpo, em movimentos ondulatórios muito suaves. Senti um grande amor fluir deles para mim. Quando se foram, pareceu-me ser colocada de volta na cama.

"Ao levantar-me para ir para a consulta, percebi que sentia-me forte e leve como uma pluma. Os anjos haviam vindo fortalecer-me. Passei pela consulta com o oncologista com tranqüilidade e fui operada no dia seguinte."

Os relatos de ajuda dos anjos são tocantes, especialmente quando se referem às crianças, como este, que descreve uma intervenção inesquecível que acontecera alguns anos antes. "Eu tinha cerca de 10 ou onze anos de idade", começava a carta. "Era um dia quente de verão. Meu pai havia ido nos buscar, a mim e a minha irmã, no acampamento de verão e estávamos voltando para casa. Eu estava exausto e sonolento — tão sonolento que pensei como seria bom apoiar a cabeça na porta do carro e dormir. Estava prestes a fazer isso quando uma coisa estranha e maravilhosa aconteceu.

"Escutei uma voz, que nunca esquecerei. Era uma voz feminina — firme mas gentil; ordenando suavemente. A voz falou comigo dizendo (se eu puder parafrasear), 'Não, não encoste a cabeça. Espere até chegar em casa.'

"Não tenho palavras para descrever a beleza daquela voz e a profundidade do cuidado desse ser por mim. Obedeci instantaneamente à sua ordem e sentei-me numa posição mais ereta. Pouco depois — segundos ou minutos — o nosso carro foi abalroado pelo lado por um outro carro. O lado onde eu estava sentado ficou completamente amassado.

"Se eu estivesse com a cabeça apoiada como eu queria, teria recebido ferimentos muito graves e talvez tivesse morrido. Os anjos são ajudantes impressionantes."

Felizmente, não precisamos esperar que milagres como esses aconteçam. Quanto mais aprendemos sobre como trabalhar com os anjos, mais eles nos podem ajudar a fazer milagres — todos os dias. Não existem problemas grandes demais, ou pequenos demais para pedirmos aos anjos, seja encontrar algo que tenhamos perdido, dar-nos forças para ultrapassar mágoas antigas, encontrar um emprego ou terminar uma guerra.

Embora tenhamos a tendência a achar que todos os anjos se parecem e agem da mesma forma, Orígenes de Alexandria ensinou que todos os seres recebem cargos e deveres específicos, de acordo com os seus atos passados e seu mérito. Até os arcanjos e seus ajudantes angélicos especializam-se em certos trabalhos, e podemos chamar hostes específicas de anjos para nos ajudar nas várias áreas da nossa vida.[12]

E isso não leva muito tempo. Sempre que nos sentirmos oprimidos ou que tivermos um problema, podemos fazer orações verbais rápidas para chamar os anjos para virem à nossa casa, local de trabalho ou onde quer que estejamos no momento. Deus deseja que tenhamos controle sobre o nosso mundo e que usemos o nosso livre-arbítrio para criar uma aliança divina com o Espírito. Este é um dos motivos pelos quais estamos aqui na terra.

Quanto tempo leva para direcionarmos os anjos para uma situação de necessidade, citando os problemas específicos que queremos que eles solucionem? Cerca de trinta segundos. Como o mundo seria diferente se, a cada batida das horas, todos nós usássemos trinta segundos para fazer uma pequena oração e enviássemos os anjos a caminho! Quando assistimos ao noticiário, podemos até abaixar o som durante os comerciais e fazer os nossos pedidos aos anjos.

> *Familiarize-se com os anjos... pois, sem serem vistos, eles estão juntos de você.*
> — SÃO FRANCISCO DE SALES

Como uma jovem me disse: "Usando a ciência da palavra falada, posso fazer alguma coisa para o bem do mundo, onde quer que eu esteja — em casa, no carro ou caminhando pelas montanhas. Posso usar alguns minutos da minha vida para fazer algo importante, ao invocar a proteção e a ajuda para os que precisam delas."

Lembre-se, quando fizer essas orações em voz alta, não seja brando. Você pode fazer estes chamados como comandos dinâmicos. Quanto maior for o fervor, maior será a resposta do céu.

Quantos dias temos de dedicar a uma determinada oração até começarmos a ver resultados? Isso dependerá de quão severa for a situação e de quanta luz de Deus será necessária para eliminar as trevas.

Por muitos anos, uma amiga minha levantou-se cedo para rezar e fazer decretos pela juventude mundial. Ainda estaria fazendo isso hoje, se fosse viva. Entretanto, às vezes, um só chamado fervoroso é capaz de mudar toda uma situação.

∽

NOME DO ARCANJO	ÁREA DE ESPECIALIDADE
Miguel	*proteção, poder, fé, boa vontade*
Jofiel	*sabedoria, compreensão, iluminação*
Chamuel	*amor, compaixão, bondade, caridade*
Gabriel	*pureza, disciplina, alegria*
Rafael	*verdade, ciência, cura, abundância, visão, música*
Uriel	*serviço, ministração, paz, fraternidade*
Zadquiel	*misericórdia, perdão, justiça, liberdade, transmutação*

Exercícios Espirituais

■ Crie os seus próprios milagres todos os dias trabalhando com os anjos. Primeiro, escolha uma situação na qual você ou alguém precise de ajuda.

Cada um dos sete arcanjos e suas hostes tem a sua área de atuação, digamos assim. No quadro anterior, escolha o arcanjo ao qual deseja recorrer, que seja especializado na área do seu pedido.

Todos os dias (sempre que tiver um momento livre, entre duas tarefas, ou durante o intervalo), faça uma oração fervorosa em voz alta, a este arcanjo. Seja específico e criativo na sua oração, citando o problema exato e o resultado que espera.

Eis aqui um exemplo do tipo de oração que estou sugerindo:

Arcanjo [cite o nome do arcanjo escolhido] *e suas hostes angélicas, entrem em ação agora e tomem o comando de* [descreva a situação exata, o local e o resultado que deseja].

Peço que providenciem a melhor e a mais elevada solução possível para essa situação, e que multipliquem as minhas orações para abençoar todas as almas que estão passando por uma situação semelhante.

Ao fazer a sua oração, entregue o problema aos anjos. Visualize a solução acontecendo em frente aos seus olhos — conseguir um trabalho novo, o apaziguamento de um relacionamento difícil, a diminuição da taxa de criminalidade da sua vizinhança.

■ **Peça a ajuda do Arcanjo Miguel** — a qualquer momento, em qualquer situação. Eis um exemplo de um SOS curto e poderoso que podemos fazer para chamar o Arcanjo Miguel à ação:

> *Arcanjo Miguel,*
> *ajuda-me, ajuda-me, ajuda-me!*
> *Arcanjo Miguel,*
> *ajuda-me, ajuda-me, ajuda-me!*
> *Arcanjo Miguel,*
> *ajuda-me, ajuda-me, ajuda-me!*

Ao repetir essas palavras, envie um arco de luz do seu coração ao coração desse magnífico arcanjo. Quando fazemos esse chamado com fervor, o Arcanjo Miguel coloca-se ao nosso lado instantaneamente.

Eis aqui outro decreto simples que podemos usar para invocar o Arcanjo Miguel:

> *Amado Miguel, Arcanjo da Fé,*
> *A minha vida sela e protege;*
> *Que a cada dia minha fé progrida,*
> *De que só Deus é real na vida.*

Amado Miguel, toma a dianteira,
Teu escudo de fé é a minha bandeira;
Armadura da chama viva de luz,
Em nome de Deus protege e conduz.

(Veja também "Proteção em Viagem", ao Arcanjo Miguel, nas páginas 46-47.)

6 Deixe que o seu ser espiritual faça o trabalho

Descobri que em todos os grandes empreendimentos não é suficiente que o homem dependa somente de si mesmo.
— ISNA-LA-WICA (HOMEM SOLITÁRIO)

O sábio chinês da antiguidade, Lao-tsé, ensinou: "Aja sem agir. Trabalhe sem fazer esforço."

Para a mente ocidental, isto soa como um *koan* Zen. Como podemos agir sem atividade, ou trabalhar sem usar de esforço?

Lao-tsé estava revelando o segredo que todos os adeptos espirituais descobriram. Ele estava nos dizendo que, quando o nosso eu menor (o nosso ego) sai do caminho, o nosso eu maior (o nosso eu espiritual) pode atuar através de nós sem esforço. Lao-tsé diz o mesmo com outras palavras: "Para encher-se, seja vazio... Aquele que conhece... a humildade torna-se como o vale do mundo." Quer dizer, aquele que humilhou o seu ego criou um espaço sagrado para nutrir o Espírito.

Em termos taoístas, quando estamos "vazios" podemos ser preenchidos pelo Tao — o Espírito todo-penetrante, a Realidade Suprema. Considerando-se a partir de termos atuais: não podemos estar cheios de nós mesmos e cheios do Espírito ao mesmo tempo.

> *[O sábio] nunca se esforça para ser grande, e por isso a grandeza é alcançada.*
> — LAO-TSÉ

Temos um ser espiritual que é a nossa verdadeira natureza. O eu inferior, o ego humano, obscurece o sol daquele ser espiritual e se interpõe no caminho. Podemos ter uma vida espiritual mais integrada quando nos esvaziamos e ficamos receptivos como um vale, e permitimos conscientemente ao nosso ser espiritual que nos ensine e que se expresse através de nós.

O santo hindu do século XIX, Ramakrishna, expressou isso da seguinte maneira: "Eu sou a máquina, Tu (Deus, o Eu Superior) és o operador... Falo quando me fazeis falar. Ajo quando me fazeis agir."[13] Jesus proferiu essa mesma verdade dizendo: "Eu nada faço de mim mesmo.... É o Pai que está em mim quem faz as obras." O instrutor hasídico, Dov Baer, resumiu isso tudo: "Seja o que for que alguém faça, é Deus que estará fazendo."

Se pudermos abandonar a necessidade que o ego tem de controlar, se pudermos entregar a situação a Deus, ao nosso ser espiritual, estaremos abrindo as portas para possibilidades que nunca consideramos antes. "É o sentimento de conflito que gera o conflito", diz o mestre ascenso Saint Germain.

Às vezes, a nossa preocupação exagerada ou a nossa ansiedade são como antolhos. Quando colocamos antolhos, temos uma visão muito limitada e não conseguimos ver todas as opções que existem. Ou podemos procurar a solução no lugar errado. Quando estamos abertos para outras maneiras de ver as coisas — quando conseguimos relaxar e ficar receptivos e abertos como um vale — só então o Deus interior poderá trazer-nos a solução mais elevada.

Meu falecido marido e instrutor, Mark L. Prophet, costumava dizer que nunca encontraremos a resposta que estamos procurando fora de nós. "É dentro de nós", dizia ele. "É onde a busca começa. Podemos descobrir uma mina de ouro de consciência dentro de nós. Essa é a consciência do Cristo que habita em nós. E quando descobrimos essa consciência, temos uma nova apreciação do nosso valor. Não o encontraremos num extrato bancário; mas dentro de nós."

> *Deus é quem faz tudo.*
> — JOHN HEYWOOD

Exercícios Espirituais

■ **Dê um passo atrás.** Fazer com que o nosso ser espiritual seja o que atua é uma escolha nossa, uma forma de vida. Se algo em nossa vida parecer difícil demais de ser feito, devemos dar um passo atrás e, conscientemente, entregar o problema ao

Eu Superior, e esquecê-lo. Devemos fazer uma oração renunciando ao problema, uma oração simples como a que apresento a seguir, ou uma longa, como a "Oração para Sintonia" logo adiante.

Deus, toma conta desta situação. Não consigo lidar com ela sozinho. Mas sei que Você consegue.

Amado Cristo Pessoal, ocupa o vácuo do meu ser e atua através de mim, hoje, para a melhor solução possível dessa situação. Liberta-me de toda a limitação autoimposta, da cegueira espiritual e dos hábitos que não sejam sadios e que não me permitam vê-Lo e conhecer a sua vontade claramente, ó Deus.

Oração para a Sintonia

Amada e Poderosa Presença
   do EU SOU, Pai de toda a Vida —
Intercede por mim hoje:
Preenche a minha forma.
Libera a luz necessária
   para que eu faça a Tua vontade,
E faz com que todas as decisões que eu tomar
   estejam de acordo com a Tua santa vontade.
Faz com que as minhas energias sejam usadas para
   magnificar o Senhor em todos os que encontrar.

Faz com que a Tua santa sabedoria que me é transmitida
   seja usada de forma construtiva para a expansão
   do reino de Deus.
E acima de tudo, amado Pai Celeste,
   entrego-Te o meu espírito.
E peço que conforme a Tua chama se torne uma
   com a minha chama, a união destas duas chamas pulse
   para produzir no meu mundo
   a vigilância e sintonia permanentes
   que preciso ter com a Tua santa presença,
   com o Espírito Santo e com a Mãe do Mundo.

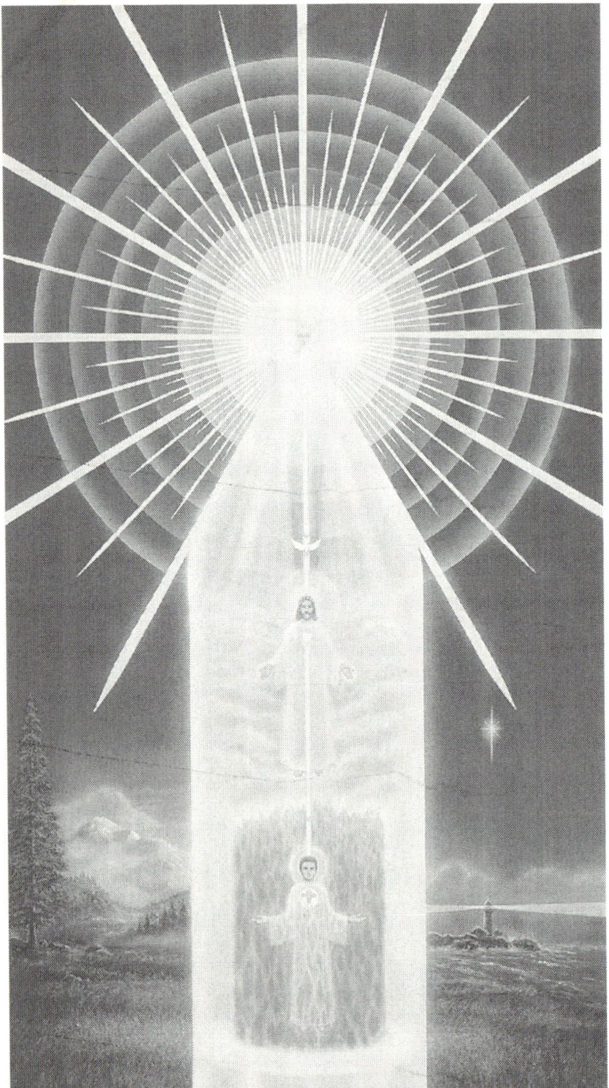

Sua Anatomia Espiritual

Cada um de nós tem um ser espiritual único, com um vasto potencial espiritual. Temos uma ligação pessoal com Deus dentro de nós. A Imagem da Sua Divina Presença, apresentada da página 70. pode nos ajudar a entender esse relacionamento.

Esta ilustração é um retrato de você e de Deus dentro de você. Este é um diagrama da nossa anatomia espiritual e do nosso potencial de nos tornarmos o que realmente somos. O escritor Dannion Brinkley, que passou por três experiências de morte aparente, escreveu: "É assim que você se parece visto dos reinos espirituais."

A figura superior na Imagem do Seu Eu Divino é a Presença do Eu Sou, a Presença de Deus que está individualizada em cada um de nós. Os budistas a chamam de Dharmakaya, o corpo da Realidade Suprema. A sua Presença do Eu Sou é o seu "eu sou o que eu sou" personalizado, o nome de Deus que foi revelado a Moisés. "Eu sou o que eu sou" significa, simples mas profundamente embaixo como no alto. Assim como Deus está no céu, Deus está na terra, em mim. Bem aqui onde estou, Deus está. Eu sou, aqui na terra, o "eu sou" que sou em Espírito.

Nas dimensões espirituais, a nossa Presença do eu sou fica envolta em sete esferas concêntricas de energia espiritual, que compõem o que é chamado de corpo causal. Essas esferas de energia pulsante guardam o registro das boas obras que realizamos.

A figura do meio representa o seu Eu Superior — o seu instrutor interior, seu melhor amigo e a voz da sua consciência. Cada um de nós está destinado a encarnar os atributos do Eu Superior, que algumas vezes é chamado de Cristo interior ou Buda interior.

O fio de luz branca que desce do coração da Presença do EU SOU, passando pelo Eu Superior até a figura inferior, é o cordão de cristal (ou "cordão de prata", como o Eclesiastes o chama). Ele é o cordão umbilical ou a linha da vida que nos une ao Espírito. O nosso cordão de cristal também nutre a centelha divina que está oculta na câmara secreta do coração.

A figura seguinte representa você na senda espiritual, envolto pela protetora luz branca de Deus e pela chama violeta (o fogo espiritual purificador do Espírito Santo), que você pode invocar nas suas práticas espirituais.* O propósito da evolução da nossa alma na terra é desenvolver a mestria pessoal, transmutar o nosso carma, nos tornarmos um com o nosso Eu Superior e realizar a nossa missão, para que possamos retornar aos planos espirituais, que são a nossa verdadeira morada.

---

*Veja páginas 45-46 e 88-91.

7 Viva o momento presente

> *Eu disse que só existe uma única coisa acerca do passado, que vale a pena lembrarmos, o fato de que ele já passou.*
> — MARK TWAIN

"Não viva no passado, não sonhe com o futuro, concentre a sua mente no momento presente", ensinou Gautama Buda. "Renuncie ao apego ao passado, à ansiedade quanto ao futuro e à ânsia que existe entre eles; e atravesse para a margem oposta."

O que é o apego ao passado? É o desejo — que todos nós temos, de vez em quando — de reviver os "bons tempos". É olhar para trás e pensar constantemente em como as coisas "poderiam ter sido".

O que é a ansiedade quanto ao futuro? É preocupar-se acerca do que *poderá* acontecer se...

O que é a margem oposta? Veja-a como o lugar onde você deseja estar — um lugar de paz e alegria, onde não exista mais "ansiedade".

E qual é a ponte que nos pode ajudar a atravessar para a margem oposta? É o arco da nossa atenção.

Uma das leis espirituais mais importantes a lembrar é a de que *onde colocamos a nossa atenção, para lá vai a nossa energia*. Temos somente uma determinada quantidade de energia para cada dia. Se uma parte da nossa atenção ficar constantemente voltada para o passado, ou preocupada com o futuro, teremos menos energia para usar aqui e agora.

É como se o rio da vida, que flui através de nós, se bifurcasse em riachos menores. Estes regatos de energia, fluindo para longe do rio principal e do padrão principal da nossa vida, podem esgotar todo o poder de que precisamos para realizar a nossa missão de vida. Como resultado disso, podemos ficar preocupados, dispersos e até cronicamente cansados e deprimidos.

Outro fator que nos pode impedir de nos concentrarmos totalmente no momento presente consiste no fato de que podemos ter literalmente deixado uma parte de nós no passado. Isso pode ser o resultado de uma situação traumática ou de uma agressão. Ou talvez tenhamos amado tanto uma pessoa que, quando a perdemos, uma parte de nós permaneceu com ela. É natural e saudável sofrermos e sentirmos dor com a perda de uma pessoa amada. Mas quando não conseguimos reunir os pedaços que ficaram e seguir adiante, é como se uma parte da nossa alma tivesse sido morta em combate.

Alimentar raiva ou ressentimento, e não conseguir perdoar alguém — ou a nós mesmos —, também nos impede de viver no presente. Achamos que, se formos rudes com alguém, estaremos eliminando essa pessoa da nossa vida. Na verdade, a raiva e o ressentimento têm o efeito oposto; eles nos mantêm presos a essa pessoa por um laço cármico, e não conseguimos seguir adiante.

Um dos meus ensinamentos favoritos sobre abandonar a bagagem extra é uma antiga história budista sobre dois monges que viajam juntos. Eles chegam a um riacho e encontram uma bela jovem hesitando em atravessá-lo, por não desejar molhar as roupas. Um dos monges a toma no colo, leva-a para o outro lado, e segue o seu caminho.

> *A vida consiste no que o homem pensa, durante o dia inteiro.*
> — RALPH WALDO EMERSON

Monges, é claro, geralmente não se relacionam com mulheres, muito menos as tocam, e o seu companheiro ficou chocado. A cada passo, este fica mais e mais zangado, e seu aborrecimento faz com que diminua a marcha. Finalmente, depois de vários quilômetros, ele não consegue mais se conter e explode: "Como você pode fazer uma coisa dessas?"

O outro, inicialmente, fica espantado, e, depois, replica: "Oh, você se refere à jovem? Eu a deixei há muitos quilômetros. E você ainda a está carregando?"

Quando tomamos a decisão de não abandonar a raiva ou uma mágoa antiga, literalmente a carregamos conosco. Aprendi que ficar com raiva ou ressentido cria um círculo vicioso. Exaure a nossa energia, porque uma parte de nós ainda fica focalizada naquela situação não resolvida. Quando perdoamos, libertamos 100 por cento da nossa energia para usá-la em atividades construtivas.

Parte do processo de perdoar é percebermos que, quando as pessoas algumas vezes nos magoam, o problema é totalmente delas e não temos nada a ver com isso. Talvez as palavras ásperas de alguém só signifiquem que essa pessoa foi magoada profundamente e que a sua dor ainda não passou. Talvez um amigo frustrado esteja carregando um fardo grande demais e a sua alma esteja pedindo socorro. Talvez o "mal" seja somente a forma de a vida nos dar uma lição, que em alguma ocasião tenhamos nos recusado a aprender. Seja qual for o caso, não estaremos livres de verdade até acabarmos com a raiva e perdoarmos.

Pode haver ocasiões em que sentimos que não conseguimos perdoar alguém porque acreditamos que o que essa pessoa cometeu contra nós, ou contra uma pessoa que nós amamos, foi grande demais. Deus ensinou-me que, numa situação como essa, devemos perdoar a alma e pedir a Deus e aos seus anjos que aprisione o eu irreal, o lado escuro, daquele que fez com que essa pessoa cometesse o crime.

Não importa como sejam maus os atos da pessoa, se perdoarmos a alma — a parte do ser que ainda tem o potencial para o bem — podemos evitar criar um laço cármico. "O ódio nunca destrói o ódio", ensinou Gautama Buda, nas palavras imortais do *Dhammapada*, "só o amor destrói o ódio." O ódio une; o amor liberta.

Algumas vezes, a pessoa mais importante que precisamos perdoar somos nós mesmos. Sejam quais forem os erros que tenhamos cometido, podemos pedir perdão, fazer reparações espirituais e práticas e considerar os erros como experiências de aprendizado.

"O passado é prólogo" é a forma como Shakespeare diz isso. Certamente que aprendemos com o passado, mas é perigoso viver no passado. Uma pessoa resumiu assim: "Mantenha os olhos na estrada, e use o retrovisor só para evitar problemas."[14]

Mencionamos que viver no passado pode ser uma armadilha, mas podemos dizer o mesmo sobre nos concentrarmos no futuro. Não há nada de errado em planejar, mas preocupar-se constantemente acerca do futuro pode limitar a energia que temos para usar no presente. Quando pensamos sobre isso, vemos que a ansiedade acerca do futuro é, na realidade, uma dúvida sobre se o nosso Criador, a nossa Fonte espiritual, irá nos suprir com aquilo de que precisamos — ou provavelmente acreditamos que não merecemos recebê-lo.

> *As pessoas no Ocidente estão sempre se preparando para viver.*
>
> — PROVÉRBIO CHINÊS

Nada pode estar mais longe da verdade. Deus tem uma fonte ilimitada de energia. E não é o universo que limita o que podemos receber — é aquilo em que acreditamos. Como ensinou o mestre taoísta Chuang Tsé: "O homem sábio conhece o caminho para o que os antigos chamavam de a Casa do Tesouro Celestial... Ele pode enchê-la, sem que ela fique cheia; ele pode retirar dela, sem que ela fique vazia."

Jesus ensinou, adaptando uma antiga perspectiva oriental semelhante a essa: "Olhai para as aves do céu; não semeiam, não colhem, nem ajuntam em celeiros e, contudo, o vosso Pai celestial as alimenta. Não tendes vós muito mais valor do que elas?... Quanto ao vestuário, por que andai ansiosos? Observai como crescem os lírios do campo. Eles não trabalham nem fiam... Se Deus assim veste a erva do campo, que hoje existe e amanhã é lançada ao forno, não vestirá muito mais a vós?"[15]

⁓ *Exercícios Espirituais* ⁓

■ **Entregue tudo a um poder superior.** Existe alguma coisa do passado ou alguma preocupação acerca do futuro que o esteja preocupando — algo que você deveria ter abandonado há muitos quilômetros?

Se você sentir que está apegado ao passado ou preocupando-se com o futuro, experimente repetir essa afirmação, ou alguma adaptação que você faça dela, além das "Afirmações para a Paz", a seguir:

Amada Presença do EU SOU, amado* [menciona o nome de um santo, mestre ou anjo com o qual esteja trabalhando], *tome o comando dessa situação. Não serei demovido!*

---

*A sua Presença do EU SOU é a presença de Deus individualizada para você.

Afirmações para a Paz

Eu aceito a graça da paz no meu coração.
Eu aceito a graça da paz na minha alma.
Eu aceito a graça da paz na minha mente
e nas minhas emoções.

Digo a tudo o que procura tentar-me,
afastando-me do meu centro de paz:
Paz, aquieta-te! Paz, aquieta-te!
Paz, aquieta-te!

EU SOU a chuva suave da paz.
EU SOU um servo da paz.
Estou selado no coração da paz.
Que o mundo habite
numa aura da paz de Deus!

■ **Invoque a lei do perdão.** Quando fizer algo de que mais tarde venha a se arrepender, clame a Deus, dizendo: "Reconheço que magoei uma parte da vida. Invoco a lei do perdão do Teu coração, ó Deus, para que me perdoe por tudo o que fiz que tenha sido indelicado, desrespeitoso e desonroso, especialmente _____."

Prometa corrigir o que fez, compensando de alguma forma as pessoas que tiver magoado. Depois, faça a seguinte afirmação, enquanto envia o seu amor e perdão a todos os que, em qualquer ocasião, você tiver magoado e que tiverem magoado você, entregando tudo nas mãos de Deus.

Decreto para o perdão

EU SOU o perdão aqui atuando,
Dúvidas e medos expulsando,
Com asas de cósmica vitória
Os homens para sempre libertando.

Com pleno poder invoco agora
O perdão a toda hora;
Toda a vida sem exceção
Envolvo com a graça do perdão.

8 Use a energia espiritual para mudar o seu passado

*Se começarmos uma disputa entre o passado
e o presente, descobriremos
que perdemos o futuro.*
— WINSTON CHURCHILL

Deixar para trás o passado é o trabalho interior da nossa alma. É um trabalho profundo e às vezes difícil, porque a nossa alma, no fundo, sabe que, para moldar o futuro que almejamos, temos de nos responsabilizar pelo que fizemos no passado.

Tudo o que fazemos retorna a nós — em algum momento, em algum lugar. Essa é uma lei inexorável do universo. No Oriente, esta lei é chamada de a lei do carma.

Carma é um termo sânscrito que significa "ato", "ação", "palavra" ou "feito". Tanto o carma positivo quanto o negativo são sempre o efeito de uma causa que colocamos em movimento dez minutos ou dez encarnações atrás. O carma é a conseqüência dos nossos pensamentos, palavras e atos.

Todos nós crescemos sabendo acerca do carma. Só não o chamávamos assim. Mas escutamos: *Tudo o que vai, vem. Aquilo que plantamos, colhemos. A toda a ação corresponde uma reação igual, em sentido contrário. E, no fim, o amor que você leva é igual ao amor que você gera...*

A todo momento, a energia flui para nós, proveniente de Deus; e, a cada momento, decidimos se daremos um impulso positivo ou negativo a ela. Pela lei do círculo, que é a lei do carma, essa energia voltará para nós. Quando a energia positiva retorna, vemos coisas positivas acontecerem em nossa vida. A energia que leva a nossa marca negativa, porque a usamos para magoar em vez de ajudar alguém, também volta à sua origem — desta vez buscando resolução. Ela volta para nós como uma oportunidade de corrigirmos a situação.

Quando não transformamos essa energia que retornou em algo positivo, ela não desaparece. Por exemplo, temos o livre-arbítrio para escolhermos qualificar a energia de Deus com amor ou com ódio. Se a qualificarmos com ódio, essa energia permanecerá conosco, como parte da nossa consciência, até que a transmutemos pelo amor.

O carma negativo pode manifestar-se de qualquer forma: como padrões de hábito que nos impeçam de nos relacionar com as pessoas, como doenças ou como acidentes. Grupos de pessoas podem gerar um "carma de grupo" negativo quando, por exemplo, contribuem para a poluição ou participam de algum tipo de perseguição; e essas pessoas são co-responsáveis pelo mal que possam ter causado em uma outra parte da vida.

Outra forma de compreendermos como os nossos atos passados afetam a nossa vida atual é considerarmos a acumulação de carma negativo como um bloqueio de energia. Os mestres da antiga arte oriental do Feng Shui ensinam que a desordem no nosso ambiente físico inibe o fluxo de energia (ou *ch'i*) em torno de nós. Eles dizem que o fluxo de energia (ou a falta dele) afeta poderosamente a nossa saúde, finanças e relacionamentos — e até mesmo o curso da nossa vida.

Exatamente da mesma maneira, a "acumulação cármica" pode criar bloqueios no fluxo de energia que existe nos níveis sutis e energéticos *dentro* de nós. Esses bloqueios afetam o nosso bem-estar físico e emocional, o nosso progresso espiritual e até mesmo o tipo de eventos e de pessoas que entram e saem da nossa vida. Quando a energia flui livremente, nos sentimos em paz, saudáveis e criativos. Quando ela está bloqueada, não nos sentimos tão leves, nem tão saudáveis, vibrantes e espirituais como poderíamos nos sentir.

Sabemos que não podemos mudar as coisas que aconteceram no passado, mas podemos nos libertar e libertar os outros do fardo dos nossos erros passados. Podemos fazer reparações àqueles a quem magoamos e servir ao próximo na nossa comunidade. Podemos também acelerar o processo de consumir o nosso carma usando certas técnicas espirituais.

As escrituras sagradas do Oriente e do Ocidente nos ensinam que podemos usar orações, mantras e canções sagradas para nos purificar dos nossos "pecados" (o carma negativo), para limpar o registro — na verdade, para mudar o passado. Como diz um texto hindu: "A Inteligência Suprema dança na alma... com o propósito de remover os nossos pecados. Dessa forma, o nosso Pai destrói as trevas da ilusão, queima o fio do carma, pisoteia o mal e nos satura de graças." "Embora os nossos pecados sejam escarlate", disse o profeta Isaías, "eles serão brancos como a neve".

Em resumo, as orações e as práticas que nos foram ensinadas pelas religiões do mundo são fórmulas sagradas que invocam a luz do Espírito Santo para o perdão e a purificação. Em algumas tradições espirituais, essa poderosa energia transformadora do Espírito Santo foi vista como uma luz violeta, conhecida como a chama violeta.

Assim como o raio de luz, que atravessa o prisma é refratado nas sete cores do arco-íris, a luz espiritual manifesta-se em sete raios, ou chamas. Quando invocamos essas chamas espirituais, durante as nossas orações e meditações, cada uma delas gera uma ação específica em nosso corpo, mente e alma. A chama violeta é a cor e a freqüência da luz espiritual que gera a misericórdia, o perdão e a transmutação.

"Transmutar" significa alterar — mudar algo para uma forma mais elevada. Esse termo foi usado há muitos séculos pelos alquimistas, que procuravam, no nível físico, transmutar metais não preciosos em ouro — e, no nível espiritual, alcançar a transformação e a vida eterna.

É exatamente isso que a chama violeta pode realizar. Ela é uma energia espiritual, de freqüência muito elevada, que separa os elementos "grosseiros" do nosso carma do ouro do nosso eu verdadeiro, para que possamos expressar o nosso potencial mais elevado. Ela atua nos níveis energéticos para apagar o carma pessoal e de grupo, e para aumentar o equilíbrio e o fluxo de energia no nosso mundo.

Edgar Cayce, renomado profeta do século XX, reconhecia o poder de cura da luz violeta. Em cerca de novecentas das suas leituras, ele recomendou o uso de um aparelho elétrico — uma máquina do "raio violeta", que emite uma carga elétrica de cor violeta — para o tratamento das mais variadas doenças, como exaustão, letargia, má circulação, problemas digestivos e desordens nervosas.

> *A humanidade que vive nos dias de hoje acredita que a história escrita... não pode ser mudada. Ela ainda não foi apresentada à chama violeta da transmutação.*
>
> — EL MORYA

Por que a chama violeta é um instrumento tão poderoso? No nosso mundo físico, a luz violeta tem a freqüência mais elevada do espectro visível. Fritjof Capra, em seu livro *O tao da física*, explica que "a luz violeta tem uma freqüência elevada e um comprimento de onda curto, consistindo, portanto, em prótons de energia elevada e *momentum* elevado".[16] De todas as chamas espirituais, a chama violeta é a que tem ação vibratória mais semelhante à dos elementos químicos e dos compostos do nosso universo físico, e, por isso, tem a maior capacidade de interpenetrar e transformar a matéria nos níveis atômico e subatômico.

O motivo pelo qual a chama violeta consegue "mudar" o passado, por assim dizer, consiste no fato de que, nos níveis energéticos, ela dissolve os registros dos nossos atos passados, além do carma negativo que possamos ter gerado ao praticarmos esses atos. Esse carma, pela lei do círculo, molda o nosso futuro. Assim, se pudermos transmutar as nossas criações do passado, poderemos criar um futuro melhor.

Dannion Brinkley, autor de *Salvo pela luz*, conta que, durante as suas experiências de morte aparente, viu e sentiu a chama violeta. Ele disse que, depois que "morreu", um ser de luz levou-o para uma cidade de catedrais de cristal que eram, na realidade, centros acadêmicos. "Todas as cidades de cristal têm a chama violeta, além de todas as chamas espirituais", diz ele. "Mas a chama violeta é a maior de todas as chamas. A chama violeta é o estado mais puro de amor. É o que realmente nos dá poder."

> *O extraordinário da chama violeta é que ela não gera calor, gera amor.*
> — DANNION BRINKLEY

Dannion explicou também que a chama violeta é "uma luz que serve a todas as heranças espirituais, que impõe respeito e dignidade a todas as coisas. Ela nos permite entrar em contato uns com os outros".[17]

Podemos empregar a chama violeta na nossa espiritualidade de todos os dias usando as orações e decretos que nos foram transmitidos pelos mestres.[18] A chama violeta nos permite transmutar as negatividades e capitalizar os nossos aspectos positivos; ela pode facilitar a cura do corpo, da mente e da alma.*

---

*Por favor, perceba que, embora a chama violeta possa facilitar a nossa cura em muitos níveis, ela não se destina a substituir o diagnóstico médico usual, nem deve ser usada como substituto para qualquer tratamento médico.

Todas as manhãs, os anjos nos trazem o nosso carma daquele dia. Assim que acordamos, o nosso pacote de carma já nos está esperando, pedindo para ser resolvido. É por isso que é uma boa idéia fazermos as orações de chama violeta pela manhã. Podemos recitá-las durante o banho, enquanto nos preparamos para começar o dia ou mesmo a caminho do trabalho.

As pessoas que já usaram a chama violeta nas nossas orações descobriram que ela ajuda a resolver os padrões da consciência, a dispersar a dor interna e a equilibrar a nossa vida. Ela cria uma consciência e uma sintonia com o eu interior que ajuda a nossa criatividade e nos dá um sentimento de estarmos vivos e bem, prontos para agir para o bem da terra. Ela nos provê uma maneira de mitigar os males do mundo, eliminando a causa real que existe no cerne desses assuntos.[19]

Uma mulher escreveu-me, dizendo: "Por vários anos, consultei-me com psicólogos; eles me ajudaram a descobrir causas, mas como *mudar*?" Ela começou a usar as orações de chama violeta todos os dias e disse que a chama violeta penetrou e consumiu o núcleo do ressentimento. "Com a chama violeta", disse ela, "fiquei saudável, vigorosa e grata."

Uma outra disse: "Eu costumava achar que não havia nada que eu pudesse fazer para mudar o estado do mundo. Eu era só uma pessoa. E isso me incomodava muito. A chama violeta resolveu o meu problema. Eu *pude* fazer alguma coisa — um trabalho espiritual voltado para os problemas do mundo. Pude ajudar a atacar os problemas do meio ambiente."

Já vi milhares de pessoas usarem a chama violeta com sucesso. Cada pessoa precisa de uma quantidade de tempo diferente — de um dia a vários meses — para ver os resultados.

Exercícios Espirituais

■ **Crie as suas próprias afirmações.** Se deseja fazer uma experiência com a chama violeta, você pode começar usando uma destas afirmações a seguir, que devem ser usadas repetidamente, como um mantra que canta no seu coração:

> *EU SOU um ser de fogo violeta,*
> *EU SOU a pureza que Deus deseja!*

Pode, também, criar uma variação pessoal desse tema, de acordo com a sua necessidade, como:

> *Meu coração está vivo com o fogo violeta,*
> *Meu coração é a pureza que Deus deseja!*

> *Minha família está envolta no fogo violeta,*
> *Minha família é a pureza que Deus deseja!*

> *A Terra é um planeta de fogo violeta,*
> *A Terra é a pureza que Deus deseja!*

■ **Energize o coração, a cabeça e a mão.** Esta outra série de decretos (páginas 90-91) ajuda a purificar e a energizar os três maiores instrumentos da nossa espiritualidade prática — o coração, a cabeça e a mão.

Começamos com o coração, porque o coração é o centro da vida física e espiritual. O coração é o lugar onde comungamos com Deus. É o centro de onde enviamos o nosso amor para nutrir a humanidade.

No mantra "Coração", invocamos o poder transformador da chama violeta para dissolver os sentimentos negativos e o carma que bloqueia o fluxo de energia que passa pelo coração. Este mantra nos ajuda a desenvolver as qualidades do coração. Ele ajuda a nos tornarmos mais abertos, sensíveis e misericordiosos em relação à situação das pessoas que precisam do nosso amor e das nossas orações.

A nossa cabeça é o cálice onde recebemos os pensamentos criativos de Deus e do nosso Eu Superior. O mantra "Cabeça" desanuvia as faculdades físicas e espirituais da mente, para que possamos pensar e nos comunicar mais claramente. Ele nos ajuda a fortalecer as nossas faculdades intuitivas e a desenvolver a percepção das dimensões espirituais.

As nossas mãos representam a forma pela qual praticamos a nossa espiritualidade. A mão simboliza o poder de Deus que faz com que as coisas aconteçam — por meio da nossa profissão, do nosso serviço à vida, das coisas grandes e pequenas que fazemos uns pelos outros todos os dias. Através das nossas mãos podemos transferir uma enorme quantidade de energia e de cura. No mantra "Mão", afirmamos que, quando agimos de mãos dadas com Deus, nada é impossível.

Visualização:

Ao recitar o mantra "Coração", visualize a chama violeta dentro do seu coração como uma luz pulsante violeta, que amacia o coração, transforma a raiva em compaixão, o rancor em doçura e a ansiedade em paz.

Ao recitar o mantra "Cabeça", veja a chama violeta saltando do seu coração e penetrando na sua cabeça, para limpar a sua mente de todos os bloqueios mentais, imagens negativas e conceitos limitantes que possa ter acerca de si e dos outros. Veja a sua mente ser preenchida com a luz brilhante de Deus.

Ao recitar o mantra "Mão", visualize a chama violeta dissolvendo causa, efeito, registro e lembrança daquelas coisas das quais participou dando uma "mãozinha", que gostaria que não tivessem acontecido. Recite cada mantra três vezes, ou quantas vezes desejar.

Coração
Fogo violeta, divino amor,
No meu coração reluz teu fulgor!
És misericórdia em manifestação,
Mantém para sempre a nossa união.

Cabeça
Luz do EU SOU, Cristo em mim
Liberta a minha mente agora;
Fogo violeta, brilho sem fim
Minha mente envolve nesta hora.

Deus que me dás o pão diariamente,
Teu fogo violeta preenche minha mente
E com a tua celeste radiação
Minha mente se torna luz em ação.

Mão
EU SOU a mão de Deus em ação,
A vitória sempre conquistando;
Minha alma pura com satisfação
O Caminho do Meio vai trilhando.

9 Use todos os encontros e situações como oportunidades de crescimento

Eu aprendo indo aonde tenho de ir.
— THEODORE ROETHKE

A vida é um espelho. As pessoas e as circunstâncias refletem de volta para nós os problemas que temos de solucionar. Quando estamos no meio de uma situação desagradável, muitas vezes a nossa primeira reação é chutar e gritar, fugir na direção oposta ou fechar-nos, para não termos de lidar com ela. Mas existe uma outra alternativa: entrar completamente na situação para aprender com ela.

O que faz com que esta alternativa seja tão eficiente é que ela acelera o processo inevitável de resolução. Mesmo que sejamos capazes de fugir da situação, os motivos que a mantêm não desaparecerão. Eles nos seguirão como o perdigueiro do céu, talvez com outros disfarces, até que tenhamos lidado com eles. E, sem esse perdigueiro do céu, não conseguiríamos crescer espiritualmente nem transmutaríamos o nosso carma.

Não existem coincidências no universo. Quem quer que bata à nossa porta (ou que entre no nosso escritório) está nos trazendo uma mensagem. E, quer se acredite quer não, as nossas almas estiveram esperando por esses mensageiros por muito, muito tempo.

Uma antiga lenda tibetana tem muito significado para as nossas vidas. Um dia, um venerável monge budista estava na floresta curvado sobre um caldeirão, onde tingia o seu velho manto cor de sangue. Um grupo de homens, que andava à procura de um novilho perdido, topou com o monge. Quando viram que o que ele tinha dentro do caldeirão era cor de sangue, acusaram-no de roubar e de matar o novilho, arrastaram-no a um tribunal ilegal na aldeia próxima. Depois, acorrentaram-no e o colocaram num buraco na terra. Mas o monge não disse nenhuma palavra para se defender — para desespero de seus discípulos, que sabiam que ele era vegetariano e que nunca roubaria a vaca.

Alguns dias depois, o povo da vila encontrou o novilho e pediu que o chefe do clã soltasse o monge. Este, entretanto, estava muito ocupado com assuntos urgentes e o monge ficou preso no buraco por meses. Finalmente, um de seus discípulos pediu uma audiência ao rei e contou o que havia acontecido. Temendo que o infortúnio viesse a recair sobre o seu reino devido a esse erro, ele ordenou que o monge fosse solto imediatamente e suplicou pelo seu perdão, prometendo punir os responsáveis.

O monge, entretanto, implorou ao rei que não punisse ninguém. "Era a minha vez de sofrer", ele admitiu.

"Como pode ser isso?", perguntou o soberano surpreso.

O monge explicou que, numa vida anterior, ele havia roubado um novilho. Quando fugia de seus perseguidores, ele o havia abandonado perto de um homem santo, que meditava na floresta. O homem santo foi acusado pelo crime e acorrentado em um buraco por seis dias. "Esperei muitas vidas para expiar o meu pecado; sou grato aos seus súditos por me terem dado a oportunidade de me libertar desse carma", disse o monge. Tendo terminado de contar a história, ele voltou para a floresta para continuar as suas práticas espirituais.[20]

Muitas circunstâncias nas nossas vidas são exatamente como essa. A vida é um grande mestre. Como disse uma vez a psicanalista Karen Horney: "Felizmente, a [psico]análise não é a única maneira de resolver os conflitos internos. A vida é um terapeuta muito eficiente." Muitas vezes, continuamos a atrair para nós o mesmo tipo de pessoas e o mesmo tipo de situações até que aceitemos a oportunidade de equilibrar o carma e aprender a nossa lição.

> *Se o mensageiro for uma formiga, escutai-o.*
> — EL MORYA

Se você tiver, por exemplo, algum assunto pendente com o seu pai ou sua mãe, continuará atraindo para si relacionamentos e pessoas que trazem à baila esse mesmo assunto. Se tivermos a tendência a criticar, provavelmente ficaremos sempre encontrando pessoas que acirram a nossa crítica, até que aprendamos a amar a todos — e até que descubramos o motivo pelo qual temos a *necessidade* de criticar. Pois o velho ditado é verdadeiro: Não podemos mudar o outro; só podemos mudar a nós mesmos. Não podemos mesmo mudar os fatos que nos acontecem; só podemos mudar a forma como reagimos a eles.

A vida é muito parecida com o filme *Groundhog Day*. Temos de ficar repetindo as mesmas cenas sem parar, até que, finalmente, as representemos direito. Tudo o que nos acontece são lições para nos ajudar a desenvolver a mestria pessoal, para passarmos nos exames e nos graduarmos pela escola da terra.

Algumas vezes, embora as coisas que nos acontecem pareçam catastróficas, são elas que nos tiram da inércia e nos fazem explorar novos horizontes. O famoso ilustrador do século XX, Norman Rockwell, passou por essa iniciação quando, depois de completar o monumental retrato das Quatro Liberdades, seu estúdio foi completamente destruído pelo fogo. Ele perdeu tudo — suas antiguidades e obras de arte, seus trajes e recortes, suas pinturas e seus amados cachimbos. Vinte e oito anos de pinturas, viagens e coleções foram destruídos.

Rockwell lidou com o incêndio com humor, publicamente. Ele até fez um desenho engraçado no *Saturday Evening Post*, mostrando os detalhes do incidente. Mas deve ter sido uma experiência devastadora. Ele escreveu em sua biografia, no capítulo intitulado "Eu Ressurjo das Cinzas": "É como perder o braço esquerdo, como acordar no meio da noite, estender o braço para pegar um copo d'água e perceber que não há nada ali."[21]

Esse evento marcou um período de mudança na vida do artista. Há muito ele queria mudar-se para uma casa menos isolada. Encontrou a casa apropriada e começou a construir um estúdio novo. Observadores comentaram que, sem os seus antigos acessórios para ajudá-lo, seu trabalho também mudou. Mais do que nunca, ele levou a sua arte para as ruas, para retratar o mundo à sua volta. Esta prova de fogo levou Rockwell a um nível mais elevado e preparou o salto seguinte, que levou a um grande crescimento da sua alma.

Exercícios Espirituais

■ **Pergunte-se o óbvio.** Da próxima vez em que se encontrar numa situação que preferiria ter evitado, pergunte a si mesmo: *O que posso aprender com esta situação? Que mensagem Deus está me enviando? Em vez de fugir dela, o que posso fazer para resolvê-la?*

■ **Procure o padrão e pergunte a si mesmo:** *Que circunstância ou tipo de pessoa surge repetidamente em minha vida, como um padrão que se repete?* (Por exemplo, você continua a arranjar trabalhos onde o seu superior ou seus colegas fazem você se sentir _____, ou você tem amizades ou relacionamentos em que seus amigos ou parceiros fazem com que você se sinta _____?)

Que característica positiva de comportamento desejo desenvolver para me libertar desses padrões? (Por exemplo, para que a sua alma amadureça, talvez você precise apoiar o seu superior, em vez de criticá-lo — ou talvez ser honesto e defender os seus direitos. Talvez precise abrir o seu coração — ou estabelecer limites saudáveis.)

10 Pratique a bondade amorosa com todos — inclusive com você mesmo

> *Uma palavra bondosa pode aquecer*
> *três meses de inverno.*
> — PROVÉRBIO JAPONÊS

Quando uma criança está aprendendo a escrever e nos mostra a sua primeira tentativa precária, devemos dizer a ela que fez um lindo trabalho. Não devemos humilhá-la porque as curvas do seu S estão ao contrário. Devemos elogiá-la, e o lindo sorriso que ilumina a sua face será a nossa recompensa.

Que tal se fizéssemos isso com todas as pessoas que encontrássemos? O que aconteceria se resolvêssemos não perceber as imperfeições dos outros, mas se decidíssemos amar e dar o nosso apoio a todas as almas que estão se esforçando para se tornar íntegras? E se tratássemos todas as pessoas da mesma forma que trataríamos uma criança que acabou de nos mostrar o desenho que fez do pai ou a sua primeira tentativa de escrever o alfabeto?

Quando enviamos às pessoas mensagens positivas sobre como são maravilhosas, mesmo que não estejam sendo assim naquele momento, estamos dando-lhes apoio para que possam eventualmente expressar esse aspecto. Se, por outro lado, criticamos, condenamos ou fazemos comentários sobre elas, estamos reforçando o *momentum* do seu eu inferior, em vez de acentuar os aspectos positivos do seu ser espiritual.

Descobri que a melhor coisa é nunca dizermos algo sobre alguém que não pudéssemos dizê-lo face a face. Para cada pessoa que encontramos, escolha a melhor coisa que poderia dizer sobre ela, que seja verdade. E, então, diga-a. Se precisar dar a sua opinião, procure fazê-lo de uma maneira que ajude a pessoa, e que não a fira, e faça-o de uma forma construtiva e não condenatória.

Existe uma lenda hasídica maravilhosa que ensina essa lição. Um rabino muito reverenciado tinha o hábito de convidar amigos e estudantes para a sua ceia de Sabath. Numa dessas ocasiões, um indivíduo estranho e malvestido entrou na sala e sentou-se. Os estudantes do rabino olharam com ar de superioridade quando este tirou do bolso um grande rabanete.

O rabino parecia não perceber a mastigação ruidosa que acontecia no outro extremo da mesa. Finalmente, um dos estudantes, procurando falar sem que o rabino o ouvisse, perguntou ao visitante como ele tinha a coragem de perturbar o decoro do repasto de seu muito reverenciado anfitrião. Nesse momento, o rabino disse, casualmente: "Seria tão bom se eu pudesse comer agora um bom rabanete."

O comedor de rabanete, com um grande sorriso na face, tirou do bolso uma outra raiz de casca vermelha, grande e picante. O rabino elogiou o seu visitante pela sua generosidade e mastigou o rabanete deliciado.[22]

O rabino entendeu que criticar o convidado não ia adiantar nada — e, de fato, não havia motivo algum para que ele fosse criticado. Ao contrário, ele procurou pela única coisa que faria elevar a auto-estima do homem naquele momento. Este é um dos melhores presentes que podemos dar aos outros — *ajudá-los a reconhecer em si mesmos aquilo que é tão especial sobre deles.*

Quando falamos sobre a bondade amorosa, existe uma pessoa a que não podemos deixar de nos referir — nós mesmos. Gautama Buda disse: "Podemos procurar no mundo inteiro e nunca encontrar uma outra pessoa que mereça mais amor do que nós mesmos."

Este é um conceito difícil de ser aceito por muitos de nós. Mas, se considerarmos a nossa origem, a nossa origem divina, não será difícil aceitá-lo. Somos filhos e filhas de Deus, e Deus nos ama da mesma maneira que um pai e uma mãe amam seus filhos. Se nos condenamos, estamos, na verdade, condenando uma parte de Deus. Pense sobre isso da próxima vez que resolver criticar a si mesmo, ou alguém.

> *A melhor parte da vida de um bom homem — seus pequenos atos de bondade anônimos e não lembrados.*
>
> — WILLIAM WORDSWORTH

Todos nós cometemos erros, mas é perigoso quando dizemos a nós mesmos: "Por ter cometido esse erro, hoje não mereço a atenção de Deus nem do menor dos seus anjos."

É bom quando sentimos que estamos fazendo algo que agrada a Deus; mas lembre-se de que Deus ama você *a priori*, *por quem você é*, e não pelo que faz. É um momento doce e feliz quando percebemos que Deus nos ama, não por termos realizado algo, mas porque *somos quem somos*.

Quando não correspondemos às expectativas, Deus não toma o chicote para nos punir. Ele diz: "Levante-se. Sacuda a poeira. Certifique-se de que aprendeu a lição. Da próxima vez você vai vencer, porque já conhecerá os perigos e as ciladas dessa senda."

A autocondenação é um dos maiores desafios da senda espiritual. Ela pode ameaçar severamente o nosso crescimento espiritual; e nós seremos os únicos responsáveis, os que realmente podem fazer alguma coisa em relação a isso. "Sem o nosso conhecimento, ninguém", disse Eleanor Roosevelt, "pode fazer com que nos sintamos inferiores."

Se não procurarmos ultrapassar os limites que nós mesmos ou que os outros nos impõem, estaremos sempre limitados — por um limite criado por nós, porque nos convencemos de que não somos capazes de ir mais alto ou de que não merecemos fazê-lo.

Se acreditarmos profundamente que não teremos sucesso, ou que não merecemos ter um bom relacionamento ou um bom trabalho, nós nos sabotaremos. Infelizmente, algumas pessoas falham em tudo o que procuram fazer, só porque precisam provar a si mesmos, e a todos os demais, que não são merecedoras. Este é um mecanismo do subconsciente — falhar como uma forma de se punir, falhar para provar a todos que somos tão maus quanto eles (ou outros) afirmam que somos.

A libertação só acontece quando olhamos para a nossa parte espiritual, e não para a parte humana. As pessoas acreditam que elas, ou os outros, não são boas o suficiente porque vêem a parte humana da personalidade — as imperfeições e idiossincrasias que todos nós herdamos — e ficam desapontadas. Mas nós não estamos aperfeiçoando o lado humano. Estamos amadurecendo o nosso lado espiritual. E isso é o que realmente importa.

Exercícios Espirituais

- **Use a linguagem dos sinais.** Se tiver algum problema com a sua auto-estima, faça um cartaz com os dizeres: *"Deus me ama porque eu sou quem eu sou."* E, então, cole o cartaz no espelho do banheiro ou em algum lugar onde possa vê-lo todos os dias.

- **Expresse apreciação sincera pelos outros.** Para expressar bondade amorosa a alguém que encontrou, faça esse exercício. Enquanto a pessoa se aproxima, pense na coisa mais agradável que pode dizer a ela naquele momento, e o diga com toda a sinceridade.

■ **Comece um diário ou uma pasta de apreciação.** Quando alguém disser algo maravilhoso sobre você — algo que expresse a sua natureza superior — anote. Agradeça a Deus por lhe dar esse dom especial e pela oportunidade de compartilhá-lo com os outros.

Nem sempre percebemos, ou nos lembramos, quando o ouro do eu verdadeiro está brilhando. Tomar nota desses momentos preciosos pode nos ajudar a sermos bondosos conosco, quando nos sentimos desencorajados.

Uma Oração para o Bálsamo de Gileade

Ó amor de Deus, amor imortal,
Envolve a todos no teu raio;
Envia a tua compaixão do alto
Para a todos hoje enaltecer!
Na plenitude do teu poder,
A glória dos teus raios vem derramar
Sobre tudo o que existe na terra,
Onde a vida em trevas parece estar!
Que a luz de Deus venha fulgurar
Para libertar os homens da dor;
Vem elevá-los e envolvê-los, ó Deus,
No teu poderoso nome, EU SOU!

11 Encontre tempo para renovar-se física e espiritualmente

> *Se perguntarem a você: "Qual a marca de seu pai em você?", responda: "É o movimento e o repouso."*
> — O EVANGELHO SEGUNDO SÃO TOMÉ

A tensão criativa é o que produz o movimento dinâmico que é a vida. Na filosofia chinesa, a interação entre esses dois componentes básicos do universo, o *yin* e o *yang* do *T'ai Chi*, produz todas as mudanças no universo. Essas duas forças — a masculina e a feminina, a positiva e a negativa — opõem-se e complementam-se. Elas estão em fluxo permanente.

Pense sobre as experiências que teve de passar para ser lançado a um novo patamar — quando aprendeu a dar os primeiros passos, a andar de bicicleta, a praticar um novo esporte ou forma de arte. Este aprendizado não envolvia sempre uma tensão criativa — um alongamento dos tendões? A tensão criativa traz à tona a nossa melhor parte. Obriga-nos a crescer. Sem ela, não daríamos à luz as partes novas e mais elevadas do nosso ser.

A tensão criativa nos obriga a puxarmos a flecha para trás, esticando bem a corda para que a flecha voe rápido para longe. Existe, entretanto, um fluxo e um refluxo nesse processo. Quando a flecha é lançada, existe um momento de abandono e relaxamento. Nesse ponto de abandono, nós nos centramos novamente e nos preparamos para o desafio seguinte.

A forma saudável de convivermos com a tensão criativa é aproveitarmos os ciclos de renovação física e espiritual que acontecem naturalmente. Mesmo durante um ciclo intenso, não esqueça de reservar algum tempo para renovar-se. Separe 15 minutos para ocupar-se com algo que o fortaleça. Se não aprender a fazer isso por si mesmo, o seu corpo vai obrigá-lo.

Uma amiga contou-me que estava trabalhando com alguém que havia se submetido a uma cirurgia poucos meses antes. Quando a minha amiga perguntou-lhe como se sentia, a pessoa pilheriou: "Bem, se eu não reservar um tempo livre para mim mesma, em breve vou começar a planejar a minha próxima cirurgia." Infelizmente, isso não é brincadeira. Se não prestarmos atenção à nossa necessidade de nos renovarmos — física e espiritualmente —, cedo ou tarde seremos forçados a fazê-lo, de forma consciente ou não.

Como o nosso corpo, mente e espírito estão conectados, ter um corpo saudável pode melhorar a espiritualidade. A prática de exercícios aumenta o fluxo do que chamamos prana, a energia que dá vitalidade a todos os seres vivos.

Prana é uma palavra em sânscrito que significa "respiração" ou "sopro de vida". Prana é a energia de vida que revitaliza todas as coisas vivas e controla todas as atividades do corpo — físicas, espirituais, mentais e sensoriais. Sem ele, o sangue não circula, os órgãos não funcionam e o cérebro não faz o seu trabalho. Na verdade, alguns defensores do yoga acreditam que a doença é proveniente de um desequilíbrio de prana e que os males podem ser controlados quando o fluxo apropriado de prana é restabelecido.

A ausência de prana pode influenciar a mente e as emoções. Testes clínicos demonstraram que existe uma relação entre a dificuldade de respirar e o baixo QI nas crianças. Não é difícil perceber que o confinamento a uma sala fechada por longo tempo pode produzir mau humor, depressão e apatia — ao contrário da alegria e ímpeto de energia que o ar fresco e o prana geram.

Dizem que o prana é mais facilmente absorvido pelo corpo ao ar livre. Ao fazermos exercícios, especialmente ao ar livre e ao sol, cada vez que inspiramos, inalamos ar saturado com essa força dinâmica.

> *O corpo humano é todo vitalidade, energia e espírito... Se quisermos aprender o Grande Caminho, temos de valorizar os três tesouros.*
>
> — LÜ YEN

O tempo que reservamos para exercícios poderá ser um intervalo dedicado tanto à renovação espiritual quanto física. Podemos usar esse tempo para nos centrarmos no coração, para nos sintonizarmos com o nosso Eu Superior e para enviarmos bênçãos aos necessitados. Quando caminhamos, podemos fazer nossas orações e afirmações. Enquanto caminho pelas maravilhosas montanhas de Montana, gosto de respirar fundo, de comungar com Deus e a natureza, e de fazer as minhas orações.

Rezar enquanto realizamos alguma atividade ou trabalho físico é uma prática antiga. O texto hindu *Shiva-Purana*, por exemplo, explica que o mantra de Shiva é eficiente "quando repetido pela pessoa enquanto caminha, está de pé, ou realiza algum trabalho". Madre Teresa dizia: "O trabalho não impede a oração e a oração não impede o trabalho."

Além dos intervalos para exercícios, é essencial que reservemos períodos mais longos para a renovação espiritual e física. O importante é separarmos algum tempo — seja para um retiro de yoga ou para uma longa caminhada de uma tarde pela floresta ou à beira-mar — *antes* de chegarmos ao nosso limite, quando nos tornamos ineficientes devido à falta de equilíbrio.

Já mencionei antes o poder da visualização para incrementarmos as nossas práticas espirituais. Aquilo que visualizamos pode ter um efeito tão poderoso quanto aquilo que fazemos para revitalizar o nosso corpo, mente e alma, tanto física quanto emocionalmente. Por exemplo, podemos usar o poder da nossa visão interior para nos vermos cheios de luz.

Patanjali, o antigo compilador do clássico *Yoga Sutra*, ensinou: "A estabilidade interior é alcançada meditando-se numa luz resplandecente, radiante e feliz." Um cabalista do século XIII aconselha: "Tudo o que implantamos com firmeza na mente se torna essencial. Por isso, se rezarmos e oferecermos uma bênção a Deus, ou se desejarmos que a nossa intenção seja verdadeira, devemos imaginar que somos luz. Ao redor de nós — em todos os cantos e por todos os lados — só luz."

> *Imagine que você é luz.*
> — UM CABALISTA DO SÉCULO XIII

"Volte-se para a direita, e encontrará luz flamejante; volte-se para a esquerda, e verá esplendor e luz radiante. Entre elas e no alto, a luz da Presença. Envolvendo tudo isso, a luz da vida... Essa luz é incomensurável e sem fim."[23]

Exercícios Espirituais

■ **Avalie a sua necessidade de renovação.** Quando você tem a chance, permite-se algum tempo para renovar-se, antes que um novo ciclo de atividades comece?

De quanto tempo por semana você precisa para renovar-se física e espiritualmente, para poder manter o seu equilíbrio e sua criatividade?

■ **Faça o melhor uso possível do seu tempo para renovar-se espiritualmente.** Sugiro, a seguir, mantras bem simples, que podem ser repetidos durante exercícios, caminhadas, viagens, cozinhando ou indo à rua.

EU SOU um ser de fogo violeta,
EU SOU a pureza que Deus deseja!

Que Deus seja magnificado!

EU SOU a ressurreição e a vida
de todas as células e átomos do meu ser*
agora manifestados!

■ Para uma recarga espiritual, podemos fazer o exercício "*EU SOU Luz*". Para aumentar o fluxo de energia, sente-se numa posição confortável, com os pés no chão ou na postura de lótus.

Visualização:

Visualize a centelha divina ardendo no seu coração. Veja-a expandindo dentro do seu peito, numa esfera brilhante de fogo branco.

Veja-se, então, completamente envolto por essa esfera de fogo branco e veja a luz branca fortalecendo primeiro o seu corpo, depois as suas emoções e, por fim, a sua mente. Se a mente ficar divagando, traga a sua atenção gentilmente de volta para a visualização da luz branca.

Quando estiver concentrado, recite a afirmação a seguir, visualizando a luz do coração irradiando-se como milhares de raios de sol, para elevar, energizar e curar os que precisam da luz do seu coração.

---

*Podemos substituir "todas as células e átomos do meu ser" por qualquer coisa que queiramos energizar, como, por exemplo, "a minha saúde", "os meus rins", "o meu relacionamento", "os meus negócios" ou "as minhas finanças".

A expressão "EU SOU" está em maiúsculas porque, cada vez que dizemos "EU SOU...", estamos realmente afirmando "Deus em mim é..." Seja o que for que afirmemos após as palavras "EU SOU", tornar-se-á realidade, pois a luz de Deus, que flui através de nós, obedecerá ao comando.

EU SOU Luz

EU SOU luz, luz resplandecente,
Luz radiante, luz intensificada.
Deus consome a minha escuridão,
Transmutando-a em luz.

Hoje EU SOU um foco do Sol Central.
Através de mim corre um rio de cristal,
Uma fonte vivente de luz
Que não pode ser corrompida
Por pensamentos e sentimentos humanos.
EU SOU um posto avançado do Divino.
A escuridão que se serviu de mim é consumida
Pelo poderoso rio de luz que EU SOU.

EU SOU, EU SOU, EU SOU luz.
Eu vivo, eu vivo, eu vivo na luz.
EU SOU a mais completa dimensão da luz.
EU SOU a mais pura intenção da luz.
EU SOU luz, luz, luz
Inundando o mundo onde quer que eu vá,
Abençoando, fortalecendo e anunciando
O propósito do reino dos céus.

12 Procure um mentor espiritual

*A bênção do Guru [do instrutor espiritual]
é a coisa mais preciosa na vida.*
— RAVI SHANKAR

Quando queremos aprender uma nova arte, procuramos alguém que domine aquele conhecimento e nos tornamos seu estudante; colocamo-nos como aprendizes de um treinador pessoal, de alguém que já trilhou aquela estrada antes de nós, e que nos pode ajudar a evitar os obstáculos. O mesmo acontece na vida espiritual, com suas dificuldades, desafios e técnicas de navegação comprovadamente seguras.

Muitas pessoas ignoram a necessidade do treinador espiritual (instrutor/mentor), dizendo: "Posso fazer isso sozinho, obrigado." É verdade que temos de criar a nossa própria senda e enfrentar os nossos testes ao longo do caminho da vida. Mas também é verdade que os que já alcançaram metas espirituais iguais às nossas podem tornar a nossa jornada muito mais fácil. É por isso que a vida dos heróis e heroínas do Oriente e do

Ocidente foram sempre o tema de conversas ao pé do fogo e de roteiros de filmes populares. A nossa alma quer aprender com os que já chegaram lá.

Todos nós podemos fazer bom uso da ajuda de um treinador pessoal para nos colocarmos em forma espiritualmente; e os melhores treinadores que conheço são os mestres ascensos. Eles são treinadores no mais elevado sentido da palavra.

O termo "mestres ascensos" é um outro nome para os santos e adeptos do Oriente e do Ocidente, provenientes de todas as culturas e religiões. Eles são chamados de mestres *ascensos* porque alcançaram o domínio total sobre as circunstâncias da vida, venceram o ego humano, realizaram o seu propósito de vida, graduaram-se pela escola da terra e "ascenderam" — quer dizer, aceleraram a consciência para se tornarem um com Deus. Nas religiões ocidentais, costuma-se dizer que eles entraram no céu. Para as orientais, eles alcançaram a iluminação ou o *parinirvana*.

Engate o seu vagão numa estrela.

— RALPH WALDO EMERSON

Existe uma tradição profundamente enraizada nas tradições religiosas, tanto oriental como ocidental, a de que existem dimensões mais elevadas da realidade, "povoada por seres espirituais", como escreveu Mary Baker Eddy. "Dar passos espirituais no fértil universo da Mente", disse ela, "leva a esferas espirituais e seres exaltados."[24] Cada um desses "seres exaltados" desenvolveu o domínio sobre um determinado atributo espiritual, sobre o qual estão admiravelmente capacitados a nos ensinar — atributos como a misericórdia, a sabedoria, a compaixão, a fé, o amor, a cura, a caridade e a coragem.

Esses seres espirituais superiores instruem-nos e guiam-nos a partir dos níveis internos. Assim como aprenderemos com muitos professores diferentes ao longo da nossa vida, os mestres ascensos poderão dar-nos uma preciosa ajuda, patrocinando o nosso trabalho. O ímpeto espiritual que eles expressam é inigualável, podendo ajudar-nos a dominar a arte da espiritualidade prática e a realizar o plano divino da nossa vida.

Um dos motivos de nos beneficiarmos com o treinador espiritual é que, com freqüência, não vemos a nós mesmos com clareza. Não percebemos as nossas fraquezas e, se o fazemos, não sabemos como vencê-las.

Bodhidharma, o fundador do Zen-budismo na China e da arte marcial do *kung-fu*, expressou isso da seguinte maneira: "Quando os seres mortais estão vivos, preocupam-se com a morte. Quando estão satisfeitos, preocupam-se com a fome. Deles é a Grande Incerteza. Mas os sábios não consideram o passado, não se preocupam com o futuro nem se apegam ao presente. Assim, a cada momento, seguem o Caminho.

"Se ainda não tiver despertado para essa grande verdade, é melhor que procure um instrutor na terra ou no céu. Não se conforme com a sua própria deficiência."[25]

Trabalhar com mentores espirituais nos ajuda a vencer as nossas fraquezas e a desenvolver os nossos pontos fortes. (Onde estaria Luke Skywalker sem Obi-Wan Kenobi?) Eles nos inspiram e guiam, para que nos tornemos tudo aquilo que estamos destinados a ser.

Um mentor, no verdadeiro sentido da palavra, não deseja que nos equiparemos à sua mestria, mas que alcancemos mais além. Um verdadeiro mestre é um facilitador, inspirando o discípulo a escalar o ápice do seu ser. Foi assim que alguns cristãos primitivos, chamados gnósticos,[26] consideraram Jesus.

O evangelho gnóstico de Filipe descreve o seguidor de Jesus como aquele que caminha nas suas pegadas e que "não é mais um cristão, mas um Cristo". No Evangelho de Tomé, Jesus diz: "Aquele que beber da minha boca se tornará como eu sou", e, no Livro Secreto de Tiago, ele ordena: "Tornai-vos melhores do que eu."

Até nos Evangelhos do Novo Testamento, Jesus diz: "Sede vós, pois, perfeitos, como perfeito é o vosso Pai que está nos céus" e "Aquele que crê em mim também fará as obras que eu faço. E as fará maiores do que estas, porque eu vou para o Pai".[27]

Uma vez, perguntaram a Confúcio sobre o caminho das pessoas boas. Ele respondeu: "Se você não caminhar nas pegadas deles, não terá acesso à sua morada."

De forma similar, um texto budista diz: "O Germe da Budicidade existe em todos os seres vivos. Portanto, de quando em quando, tudo o que vive é dotado com a Essência do Buda" — o potencial para se tornar um Buda. O mestre Zen, Hakuin

Zenji, disse, simplesmente: "Todos os seres, por natureza, são o Buda; assim como o gelo, por natureza, é água."

É claro que a meta final de nos exercitarmos não é só alcançar a mestria espiritual, a paz e a iluminação. Como disse Mark Prophet uma vez: "A mestria espiritual significa que somos mestres de nós mesmos, primeiro que tudo, e, depois, que somos capazes de ajudar as pessoas — porque somos capazes de controlar e de ajudar a nós mesmos. Se não pudermos cuidar da nossa própria casa, e colocá-la em ordem, como poderemos ajudar os outros a colocar a casa deles em ordem?"

Como podemos encontrar o mestre ascenso que será nosso treinador, e como estabelecemos um relacionamento de trabalho com ele? Você tem algum santo ou mestre de sua preferência? Comece por ele.

O livro *Os senhores dos sete raios*[28] é um bom ponto de partida para aprendermos sobre as vidas de sete mestres que estão bem próximos às almas da terra. Esses sete mestres se ofereceram como voluntários para instruir as nossas almas — para treinar cada um de nós no que precisamos desenvolver para acelerar a nossa mestria pessoal e espiritualidade prática.

Exercícios Espirituais

■ Caminhe e converse com o seu mentor mestre ascenso. Escolha um mestre ascenso para ser o seu treinador espiritual, de quem se sinta próximo ou que admire, como Jesus, São Francisco, Confúcio, Shiva, Gautama Buda, Kuan Yin, Nossa Senhora ou

Saint Germain. Comece estudando a vida dele. Pergunte a si mesmo: *Qual a principal virtude, a qualidade espiritual especial que ele aperfeiçoou? Como ele enfrentou os desafios da vida?*

O mais importante é criarmos uma ligação entre os nossos corações e o coração desse mestre. Fale com ele como se falasse com um amigo. Diga-lhe o quanto precisa de ajuda.

Caminhe e converse com esse mestre ao longo do dia. Quando encontrar um problema, pergunte ao mestre: "*O que você faria agora?*"

Não pare de bater à porta do seu mestre até ter recebido a resposta. Ela pode vir como uma certeza interior ou um sentimento, como um sinal exterior, refletido nos eventos à sua volta, ou por meio das palavras de alguém — um "mensageiro" que adentra o seu mundo.

■ **Estude a forma especial como o seu mestre pratica a espiritualidade.** Estude cada conselho para a espiritualidade prática que aprendeu neste livro e descubra como o seu mestre exemplificou cada uma delas:

1 *Como ele transformou a paixão central da sua alma em sua missão?*
2 *Quais eram as suas prioridades de vida?*
3 *Como ele ficou sintonizado à voz da sabedoria dentro dele e o que ele aprendeu com essa voz?*
4 *O que o ajudou a estabelecer a conexão espiritual todos os dias?*

PROCURE UM MENTOR ESPIRITUAL

5 *Que técnicas usou para trazer a intercessão divina ao mundo?*
6 *Como ele expressou a sua natureza espiritual, e que obstáculos teve primeiramente de afastar do caminho?*
7 *Como ele conseguiu manter o seu foco no presente?*
8 *Que instrumentos espirituais usou para resolver o seu carma e promover seu crescimento espiritual?*
9 *Como ele transformou todos os encontros e situações em oportunidades de crescimento espiritual?*
10 *Como expressou a bondade amorosa com os outros — e com ele mesmo?*
11 *Como lidou com a tensão criativa, e como se renovou?*
12 *Quem foram os seus mentores e que lições aprendeu com eles?*

■ **Auto-reflexão.** Depois de identificar as virtudes que ajudaram o seu mestre a navegar pelas dificuldades da vida, pergunte a si mesmo o que precisa fazer para desenvolvê-las.

Procure colocar em prática as técnicas que ele usou, enquanto descobre do que a sua alma precisa para voar mais alto.

NOTAS

1. Gnósticos eram aqueles que pertenciam a certas seitas cristãs que floresceram nos primeiros séculos do cristianismo. Seus ensinamentos foram, mais tarde, suprimidos pela igreja. Os gnósticos reivindicavam a posse de ensinamentos secretos que Jesus teria dado aos seus discípulos mais chegados. Alguns estudiosos acreditam que alguns ensinamentos registrados pelos gnósticos são anteriores aos evangelhos do Novo Testamento, e podem expressar de forma mais precisa os ensinamentos originais de Jesus.
2. Carma é a lei de causa e efeito, a lei do círculo. Carma é o efeito das causas que colocamos em movimento no passado. Veja páginas 81-83.
3. C. Norman Shealy e Caroline M. Myss, *The Creation of Health: The Emotional, Psychological, and Spiritual Responses That Promote Health and Healing* (Walpole, N.H.: Stillpoint Publishing, 1988, 1993), p. 10.
   Citação de abertura da seção 3: de *Hua Hu Ching: The Unknown Teachings of Lao Tzu*, de Brian Walker (HarperSanFrancisco, 1994), p. 36.
4. Adin Steinsaltz, *On Being Free* (Northvale, N.J.: Jason Aronson, 1995), pp. 235-36.
5. Swami Prabhavananda, trad., *Narada's Way of Divine Love (Narada Bhakti Sutras)* (Madras: Sri Ramakrishna Math, 1971), comentário sobre aforismo 5, pp. 30-31.

6. *Spiritual Testimonies* 48, nas *Obras Completas de Santa Teresa de Ávila*, trad. Kieran Kavanaugh e Otilio Rodriguez (Washington, D.C.: ICS Publications, 1976), 1:344-45.
7. *The Book of Her Life* 26:2, de Kavanaugh e Rodriguez, nas *Obras Completas de Santa Teresa de Ávila*, 1:171.
8. A Imagem do Eu Divino está descrita nas páginas 71-72. Cópias coloridas desta Imagem podem ser encomendadas na Summit Lighthouse do Brasil.
9. *The Book of Her Life* 8:5 e *The Way of Perfection* 26:9, de Kavanaugh e Rodriguez, nas *Obras Completas de Santa Teresa de Ávila*, 1:67, 2:136.
10. Para ajudá-lo a tirar o maior proveito possível dos seus momentos de trabalho espiritual, Elizabeth Clare Prophet preparou várias fitas de áudio e CDs de orações, afirmações e mantras, publicados em inglês pela Summit University Press.
11. Isaías 45:11; Jó 22:27, 28.
12. Veja, de Elizabeth Clare Prophet, *How to Work with Angels*, publicado pela Summit University Press.
13. Swami Prabhavananda, *Narada's Way of Divine Love*, p. 111.
14. Daniel Meacham, em William Safire e Leonard Safire, eds. e comps., *Words of Wisdom: More Good Advice* (Nova York: Simon and Schuster, 1989), p. 274.
15. Mateus 6:26, 28, 30.
16. Fritjof Capra, *O tao da física*, Ed. Cultrix, p. 141.
17. Dannion Brinkley, citado por Elizabeth Clare Prophet, Patricia Spadaro e Murray L. Steinman em *As profecias de Saint Germain para o Novo Milênio* (Rio de Janeiro, Nova Era, 2000).
18. Veja *Spiritual Techniques to Heal Body, Mind and Soul*, fita de áudio de 90 minutos publicada pela Summit University Press. Nessa fita, Elizabeth Clare Prophet apresenta o poder criativo do som e a chama

violeta, e também demonstra técnicas dinâmicas para transformar a nossa vida pessoal e trazer soluções espirituais para os atuais problemas do mundo.

19. Veja de Elizabeth Clare Prophet, *As profecias de Saint Germain para o Novo Milênio*, publicado no Brasil pela Ed. Nova Era. A senhora Prophet estuda as profecias mais instigantes do nosso tempo e ensina a usar a chama violeta para trazer equilíbrio, harmonia e mudanças positivas à sua vida e a mitigar os portentos negativos das profecias.

20. Veja, de Surya Das, *The Snow Lion's Turquoise Mane: Wisdom Tales from Tibet* (HarperSanFrancisco, 1992), pp. 68-69.

21. Norman Rockwell, *Norman Rockwell: My Adventures as an Illustrator* (Garden City, N.Y.: Doubleday & Company, 1960), p. 351.

22. Veja, de Jack Kornfield e Christina Feldman, *Soul Food: Stories to Nourish the Spirit and the Heart* (HarperSanFrancisco, 1996), p. 134.

23. Daniel C. Matt, *God and the Big Bang: Discovering Harmony between Science and Spirituality* (Woodstock, Vt.: Jewish Lights Publishing, 1996), p. 73.

24. Mary Baker Eddy, *Ciência e Saúde com a Chave nas Escrituras* (Boston: Primeira Igreja de Cristo, Cientista, 1971), p. 513.

25. Red Pine, trad., *The Zen Teaching of Bodhidharma* (San Francisco: North Point Press, 1989), p. 75.

26. Veja nota 1.

27. Mateus 5:48; João 14:12.

28. Mark L. Prophet e Elizabeth Clare Prophet, *Os senhores dos sete raios*, publicado pela Summit Lighthouse do Brasil.

Se você deseja saber mais informações sobre outros livros, fitas cassetes, palestras e ensinamentos sobre as técnicas espirituais apresentadas neste livro, entre em contato com:

Summit Lighthouse do Brasil
Rua Machado de Assis, 252
Vila Mariana, São Paulo, SP
04106-000
Tel.: (11) 3804-2941
www.summit.org.br

Este livro foi composto na tipologia Minion,
em corpo 10,5/15, e impresso em papel
off-white 90g/m², no Sistema Digital Instant Duplex
da Divisão Gráfica da Distribuidora Record.